\* 24. Okt. 1960
† 21. Aug. 2010

So schön wie hier
kanns im Himmel
gar nicht sein!

Christoph Schlingensief

# So schön wie hier kanns im Himmel gar nicht sein!

**Tagebuch einer Krebserkrankung**

Kiepenheuer & Witsch

8. Auflage 2010

© 2009 by Verlag Kiepenheuer & Witsch, Köln
Alle Rechte vorbehalten. Kein Teil des Werkes darf in irgendeiner
Form (durch Fotografie, Mikrofilm oder ein anderes Verfahren)
ohne schriftliche Genehmigung des Verlages reproduziert oder
unter Verwendung elektronischer Systeme verarbeitet, vervielfältigt
oder verbreitet werden.
Umschlaggestaltung: Rudolf Linn, Köln
Umschlagmotiv: © Peter Hönnemann / www.schierke.com
Gesetzt aus der Joanna
Satz: Pinkuin Satz und Datentechnik, Berlin
Druck und Bindearbeiten: GGP Media GmbH, Pößneck
ISBN 978-3-462-04111-8

**Für Aino**

Auf dass die kreisenden Gedanken
endlich ihren Grund finden
(C. S.)

>»Es gibt für die Menschen, wie sie heute
sind, nur eine radikale Neuigkeit – und das
ist immer die gleiche: der Tod.«
WALTER BENJAMIN

Dieses Buch ist das Dokument einer Erkrankung, keine Kampfschrift. Zumindest keine Kampfschrift gegen eine Krankheit namens Krebs. Aber vielleicht eine für die Autonomie des Kranken und gegen die Sprachlosigkeit des Sterbens. Meine Gedanken aufzuzeichnen, hat mir jedenfalls sehr geholfen, das Schlimmste, was ich je erlebt habe, zu verarbeiten und mich gegen den Verlust meiner Autonomie zu wehren. Vielleicht hilft es nun auch einigen, diese Aufzeichnungen zu lesen. Denn es geht hier nicht um ein besonderes Schicksal, sondern um eines unter Millionen.

So viele kranke Menschen leben einsam und zurückgezogen, trauen sich nicht mehr vor die Tür und haben Angst, über ihre Ängste zu sprechen. Ich habe erlebt, wie wichtig es ist, den Geschockten und aus der Bahn Geworfenen zurück ins Leben zu begleiten, ihn in seiner Autonomie als Erkrankter zu stärken, sich zu bemühen, seine Zweifel zu verstehen, ihm zu helfen, seine Ängste auszusprechen und diese – in welcher Form auch immer – zu modellieren. Die Erkrankung vor sich zu stellen, sie und sich selbst von außen zu betrachten – dieser ganzheitliche Blick ist wichtig und hilfreich. Aber viele Mediziner sind zu so einem Blick, der nicht zuletzt ein Akt der Großzügigkeit ist, nicht in der Lage, sei es, weil sie ihn nicht erlernt haben, sei es, weil der Druck unseres Gesundheitsystems ihnen keine Chance lässt. Daher sollte man sich als Erkrankter nicht nur der Medizin ausliefern – auch wenn sie heutzutage immer wieder großartige Erfolge vermelden kann.

Wenn Sie also erkranken und bemerken, dass Sie als Mensch kaum noch vorkommen und das Gefühl nicht loswerden, nur noch fremdbestimmt zu sein, dann beschweren Sie sich. Nicht nur bei Ihrem Arzt, sondern auch beim Gesundheitsministerium! Mir persönlich haben ein anthroposophischer Arzt, ein schulmedizinischer Arzt und eine schulmedizinische Ärztin sehr geholfen. Auch und gerade in ihrem Zusammenspiel.

Und wenn Sie gesund sein sollten, aber einen Erkrankten in Ihrer Familie oder Ihrem Bekanntenkreis haben, dann kümmern Sie sich um ihn, auch wenn Sie Angst haben, dass es Ihnen zu schwer wird. Teilen Sie sich die Hilfe mit anderen. Ohne meine Freunde, die ich in diesem Buch nicht alle mit Namen nenne, hätte ich es nicht geschafft, den Schock und die damit verbundenen, schier unendlichen Ängste zu überwinden.

Nicht zuletzt wünsche ich der Kirche, dass sie aufhört, uns mit den Geheimnissen des Jenseits unter Druck zu setzen. Das Leben ist zu schön, um uns Menschen permanent mit kommendem Unglück zu drohen. Gottes Liebe und Hilfe – egal, wer oder was das auch sein möge – sind keine Erziehungsdrops. Die Liebe Gottes manifestiert sich vor allem in der Liebe zu uns selbst! In der

Fähigkeit, sich selbst in seiner Eigenart lieben zu dürfen, und nicht nur in dem, was wir uns ständig an- und umhängen, um zu beweisen, dass wir wertvoll, klug, hübsch, erfolgreich sind. Nein! Wir sind ganz einfach wunderbar. Also lieben wir uns auch mal selbst. Gott kann nichts Besseres passieren.

Wien, den 24.3.2009
Christoph Schlingensief

DIENSTAG, 15. JANUAR

Heute Nachmittag habe ich entschieden, ein PET machen
zu lassen. Das ist ein Verfahren, bei dem man in eine Röhre gelegt wird, vorher bekommt man eine Injektion mit
einer radioaktiven Substanz, die in 110 Minuten zerfällt.
Das habe ich mir gemerkt. Und die ist mit Traubenzucker
angereichert, verteilt sich im Körper, und an den Stellen,
wo ein Tumor ist, ist mehr von diesen Ablagerungen zu
sehen, weil ein Tumor viel verbrennt. Deshalb nehmen
die Leute auch ab, wenn sie Krebs haben. An den Stellen,
wo es dunkel ist, ist nix. Man kann mit diesen Bildern
also den Tumor identifizieren und Metastasen finden. Das
einzige Problem ist, dass auch jede Entzündung zu sehen
ist. Wenn die Bilder morgen also sagen, im Zentrum von
meiner Lunge gibt es einen Tumor, dann ist das vielleicht
nur eine Entzündung, die aussieht wie ein Tumor. Diese
kleine Tür bleibt noch offen.
Ist merkwürdig, weil ich schon immer mit Bildern zu
tun hatte, eigentlich in Bildern lebe. Aber es gibt eben
Bilder, die haben keine Eindeutigkeit, in so einem Bild
befinde ich mich zurzeit. Und ich habe das schließlich
immer gemocht, dass es Bilder gibt, die nicht eindeutig
sind, die aus Überblendungen bestehen und auf die die

Leute völlig unterschiedlich reagieren. Das wurde mir oft angekreidet, weil ich ja die ganze Zeit dastand als derjenige, der diese Überblendungen angezettelt hat. Es gab bestimmt genug Sachen, die ich gemacht habe, wo die Kritiker recht hatten. Vielleicht habe ich den Kern, den ich verfolgt habe, nicht immer ernst genug genommen, nicht richtig spüren können. Weil ich bei all den Projekten letzten Endes doch immer auf ein Ergebnis angewiesen war, das im besten Fall eine Belohnung mit sich brachte.

Diesmal wird das Ergebnis aber die Öffnung zu einem Weg sein, der noch gegangen werden muss, in welcher Form auch immer. Ich kann also jetzt nicht einfach sagen, ich warte auf das Ergebnis, gut oder schlecht. Im Negativen würde es bedeuten, man muss Dinge durchmachen, erleben und aushalten – die Dimension kann ich ja überhaupt noch nicht ermessen.

**Quält der Gedanke dich, dann denk ihn weg.**

Das andere Ergebnis wäre eben, es geht gut aus. Dann gilt es, nicht zu vergessen, was man in den letzten zehn Tagen durchgemacht und gedacht hat. Sich zu erinnern, an wie vielen Punkten man Klärung wollte, wo keine war, wie viele reinigende Momente man aber auch erlebt hat.

Ich möchte die letzten zehn Tage wirklich nicht missen. Das hört sich vielleicht komisch an, aber sie haben mit ihren Höhen und Tiefen mehr geklärt als alles zuvor. Wobei interessant ist, dass die Fragen »Warum ich?« oder »Was soll das?«, diese Fragen nach dem Spirituellen, sich mir bis jetzt nicht gestellt haben. Es kommt mir eher wie ein Umdenken vor. Und diese Aufzeichnungen sollen meine Gedanken jetzt erst einmal sammeln. Wobei nicht wichtig ist, wann welcher Befund kam. Das finde ich uninteressant. Und auch keine psychologischen Vorträge. Die folgen vielleicht noch. Mir erscheint es wichtig, in mein Diktiergerät vor allem Gedanken zu sprechen, die mir gekommen sind. Quält der Gedanke dich, dann denk ihn weg.

Habe mir heute ein Buch gekauft: »Die Bibel. Was man wirklich wissen muss« von Christian Nürnberger. Das lese ich jetzt, weil ich merke, dass ich die wichtigen Geschichten vom Alten und Neuen Testament gar nicht mehr kenne, obwohl ich Messdiener war und Religionsleistungskurs hatte. Meine Mutter erzählte mir eben, sie hätte das Alte Testament immer geliebt. Und ich weiß nichts darüber, habe das alles irgendwie verschluckt. Keine Ahnung, warum das so ist. Jetzt habe ich angefangen, über Abraham und Isaac zu lesen, über den Exodus, über das Umdenken. Wenn man sich das vorstellt: Die Frau von Abraham war 76 Jahre alt, und Gott hat Abraham trotzdem so viele Kinder wie Sterne am Himmel versprochen. Und dann sind sie von einem Land ins nächste gezogen, und nichts ist passiert. Das muss man sich mal vorstellen.

In dem Buch von Nürnberger stehen jedenfalls zwei, drei beeindruckende Sätze. Er schreibt:»Gott fordert, dass der Mensch darauf verzichtet, sein Schicksal selbst zu bestimmen. Nur dann, wenn genügend Freiwillige bereit sind, sich auf diese ungeheure Forderung einzulassen, kann Gottes Plan gelingen. Weil diese Forderung so groß und die menschliche Bereitschaft, ihr zu entsprechen, so klein ist, darum harrt Gottes Plan bis heute seiner Erfüllung.« Und hier kommt der andere Satz:»Der Mensch glaubt

nicht, dass er das Leben gewinnt, wenn er es drangibt.
Daran scheitert Gottes Utopie.«
Tja, das Leben drangeben, um zu leben …

Ich bin heute auch noch einmal zum Grab meines Vaters gegangen. Es war schon duster, hat geregnet, und ich
habe da gestanden und mich bei ihm entschuldigt für
das, was ich gestern über den Zaun gerufen habe. Ich hatte es nicht mehr ausgehalten im Krankenhaus, ich musste
einfach mal raus.

## Ich will einmal ganz alleine sein. Alleine auf der Welt.

Da bin ich in
eine Pizzeria und
habe eine ganze
Flasche Wein und zwei Grappa getrunken. Danach bin
ich ziemlich angeheitert und schwadronierend durch die
Straßen gelaufen. Irgendwann landete ich beim Friedhof,
wo mein Vater liegt. Weil dort nachts abgeschlossen ist,
habe ich über eine Mauer rübergebrüllt. Ich habe ihn
richtig angeschrien: Was fällt dir ein? Was denkst du dir
überhaupt? Was ist da überhaupt los?
Da ist mir klar geworden, dass ich im Kern gerne mal
alleine auf der Welt wäre. Obwohl ich meinen Vater und
auch meine Mutter sehr liebe: Wenn meine Mutter mal
tot ist, dann bin ich zum ersten Mal alleine auf der Welt.
Dann bin ich in Eigenverantwortung. Ich will einmal ganz
alleine sein. Alleine auf der Welt. Ich will alleine dastehen
und alleine sagen, so, das ist mein Leben. Und dann heul
ich und dann bin ich völlig fertig mit den Nerven, aber
dann bin ich wenigstens einmal ganz alleine.
Weil ich gestern Nacht rumgebrüllt habe, dass er das
doch nicht ernst meinen kann, dass er was tun soll, habe
ich mich jedenfalls heute bei meinem Vater entschuldigt.

Ihm aber auch gesagt, dass ich diese schwarze Energie, diese schwarzen Felder nicht will. Dass ich vor allen Dingen nicht in diesen Pessimismus reinrutschen will, den ich bei ihm irgendwann nicht mehr ertragen konnte. Ganz aufgewühlt war ich. Und dann habe ich versprochen, dass ich eine Kirche, eine Schule, ein Krankenhaus und ein Theater, ein Opernhaus, in Afrika bauen werde, wenn das hier gut ausgeht. Das habe ich wirklich als Gelübde am Grab meines Vaters abgelegt. Dreimal habe ich angesetzt, dreimal konnte ich es nicht sagen, aber dann habe ich es wirklich ausgesprochen: »Ich verspreche euch …«

Es war ein total schöner Moment. Und dann – das hört sich jetzt spinnert an –, aber in dem Moment, als ich das gesagt hatte, wurde der Himmel so rot wie der Brokatstoff in den Bildern, die ich vor ein paar Tagen bei diesen Halluzinationen gesehen hatte. Das war wahrscheinlich Abstich in Duisburg, aber ich will so Sachen eben gerade sehen. Das kann einem albern vorkommen, aber dieser kurze Moment, als der Himmel direkt über mir rot wurde, war ein Zeichen für mich. Zum Schluss habe ich noch gesagt: »Ich will das machen, da kann mich keiner dran hindern.« Das war natürlich anmaßend, aber gemeint ist, dass ich das wirklich machen will.

Bin jetzt schon ein bisschen im Dämmerzustand, habe eine halbe Valium genommen, damit ich ein bisschen entspannter bin und nicht die ganze Nacht rumknobele. Das bringt ja nix. Also, dann trink ich morgen mal ein bisschen Nuklearmedizin, und dann sehen wir mal, was da flackert.

MITTWOCH, 16. JANUAR

Gestern Abend habe ich noch gebetet. Das habe ich ewig nicht mehr gemacht. Wobei mir vor allem dieses leise Sprechen, das Flüstern mit den Händen vor dem Gesicht, gutgetan hat, so wie nach dem Empfang der Hostie, wenn man bei sich ist und den eigenen Atem hört und spürt. Ich habe mir selbst zugehört, die Angst in meiner Stimme gehört. Einen Moment zu haben, wo nicht alles schon wieder auf der Bühne oder auch im Leben ausgesprochen ist, so eine Grenze, eine Hemmung zu spüren, ist ganz wichtig und richtig. Dennoch habe ich gerade bei dieser Scheiße hier keine Lust, alles in mich reinzufressen, immer nur alles nach innen zu kehren. Gestern habe ich auch mit meiner Mutter darüber geredet, dass ich wohl sehr viel von meinem Vater habe, dass er aber seine Sache, zum Beispiel seine Ängste wegen der Erblindung, nicht herausschreien konnte. Er konnte sich nicht entäußern, so kommt es mir jedenfalls vor.
Die Träume von heute Nacht kann ich gar nicht beschreiben, aber es waren wieder zusammenhängende Geschichten und keine Bilderfluten mehr wie in den letzten drei Nächten, als dieses Antipilzpräparat so komische Halluzinationen erzeugt hat. Das waren Bilder,

die mich nicht berührt haben, die aber permanent da waren.

Heute Morgen bin ich von Geräuschen draußen auf dem Gang wach geworden und habe noch ein bisschen im Dunkeln gelegen. Da merkt man, wie einem wieder diese Angst in die Knochen schießt, dass das der Tag sein könnte, an dem entschieden wird, ob ich diesen Leidensweg gehen muss, diesen Weg mit vielen Beratungen und Behandlungen. Und die Frage tauchte auf, ab wann der Wille zu leben am Ende ist. Nicht am Ende, sondern an dem Punkt, wo der Wille sich einfach ergibt und sagt, ja, so ist es. Diese Frage ist mir heute Morgen in den Kopf geschossen und hat mich sehr berührt. Ich überlege auch, ob ich mir noch etwas gegen die Angst geben lasse, wenigstens für heute. Vielleicht ist das ja berechtigt. Dann denke ich wieder an Jesus, der beim letzten Abendmahl schon alles gewusst hat. Er wusste, dass er anschließend verraten wird, dass er den Weg zum Kreuz gehen muss. Das hier ist natürlich kein Verrat, aber doch ein Gang, der quält. Vielleicht war Jesus an dem Abend aber noch in verhältnismäßiger Ahnungslosigkeit, eher in einer Phase der langsamen Bewusstwerdung, dass er sich schon längst auf dem Weg befindet.

Mein Gott, warum hast du mich verlassen? Ich glaube nicht, dass Jesus diesen Satz gesagt hat. Ich habe das Gefühl, dass das eher hieß: Mein Gott, ich fühle mich geborgen in dir, ich lasse mich fallen und glaube an das Gute, an einen guten Ausgang in Frieden. Damit meine ich, dass man vielleicht irgendwann in einen Zustand kommt, in dem die irdischen Dinge, die man alle so liebt, keine Bedeutung mehr haben. Vielleicht haben sie ja noch Bedeutung, aber diese Beurteilungsebene, warum bin ich nicht erfolgreich, warum kann ich das nicht haben, warum ist dieses und jenes nicht, ist nicht mehr wichtig. All diese menschlichen, erdverbundenen Dinge stehen dann plötzlich in einem anderen Kontext. Ich glaube wirklich nicht, dass Jesus gerufen hat: Mein Gott, warum hast du mich verlassen? Diesen Satz hat er nicht gesagt, davon bin ich fest überzeugt. Das ist einfach Quatsch. Das ist nicht das Zeichen: Ja, ich bin auch so schwach wie ihr. Ich glaube, er ist einfach ganz still da oben gehangen, hat Aua gesagt und was weiß ich, aber er hat nie den Vorwurf gemacht, dass man ihn verlassen hat. Er hat einfach gesagt: Ich bin autonom.

**Jesus hat einfach nur gesagt: Ich bin autonom.**

Dass da Gott am Kreuz hängt und sagt: Gott, warum hast du mich verlassen, fand ich ja eigentlich toll. Das ist ja menschlich, dass er diese Ohnmacht, diese Weichheit und Unfähigkeit ausspricht, dachte ich. Inzwischen habe ich aber das Gefühl, dass der Auftrag seit Abraham eigentlich ist, die Dinge alleine zu machen. Zum Beispiel wenn die Frau 76 Jahre alt ist, trotzdem noch loszuziehen und zu sagen, irgendwann werden wir ganz viele Kinder haben. Eine andere Chance hat man ja nicht. Man kann nur sagen, ich bin jetzt 47 und ich werde noch 96 Kinder zeugen. Das ist irreal, aber ich mache es einfach und ziehe es durch. Wenn ich am Kreuz hänge und mich frage, warum ich verlassen wurde, habe ich mich ja doch auf jemand anderen bezogen. Das sind so Gedankenfetzen, die in meinem Kopf zurzeit rumkreisen. Ich kann das auch nicht besser beschreiben, es ändert sich jeden Tag.

Meine Beziehung zu Gott hat sich jedenfalls aufgrund

der extremen Situation verändert. Man wundert sich, wie schnell das geht: Man hat sich von der Kirche abgewendet, und plötzlich ist man wieder da. Aber ich bin eigentlich gar nicht bei der Kirche. Mit diesem ganzen Brimborium kann ich nichts anfangen, mit dieser ganzen aufgeblasenen Veranstaltung, die glaubt, sie könne mir bei meiner eigenen Unfähigkeit, autonom zu werden, helfen, indem sie mir Traumschlösser baut oder Leidenswege beschreibt, die ich gehen muss, damit ich endlich zu mir finde. Das ist es nicht. Sondern ich will mehr wissen über Jesus, mehr wissen über den Gedanken Gottes und über das Prinzip Leben, zu dem auch das Sterben gehört, das Sterben, zu dem auch das Leben gehört. Darüber nachgedacht zu haben, ist eigentlich schon das Größte, was in diesen zehn Tagen passieren konnte.

Ich habe jetzt vor dieser PET-Untersuchung ein bisschen Lampenfieber, aber eigentlich bin ich guter Dinge und wünsche mir, mich in diese Stimmung übergeben zu können, die ich vor ein paar Tagen hier unten in der Krankenhauskapelle gespürt habe. Als ich einfach in der Wärme geborgen und beschützt war. Und natürlich bitte ich alle Kräfte, die so herumfliegen, und alle Dinge, die sich miteinander besprechen oder miteinander zu tun haben, dass sie mich auf einen guten Weg schicken. Und wenn es ein Weg wird, auf dem man mit Schmerzen, Kämpfen und aussichtslosen Situationen konfrontiert wird, ja, dann ist das so.

Aber ich kann das natürlich nicht wirklich so sagen. Ich kann das nicht. Das fällt mir schwer. Ich kann nicht sagen, ja, dann soll das geschehen. Nein, ich will leben. Ich will auf alle Fälle leben. Aber nicht, um wieder in diesen blinden Trott zu verfallen, noch schneller, noch mehr, sondern ich will ein Leben leben, das einen Sinn ergibt und sich den Menschen nähert.

Ich stehe am Zaun meines ehemaligen Kindergartens in Oberhausen und warte auf Aino, die noch im Krankenhaus ist, weil der Radiologe noch einmal das CT anschauen will. Nach der ersten Auswertung sagte er, das sei zu hoher Wahrscheinlichkeit ein Tumor. Und er hat noch einen zweiten entdeckt. Die Leber und das Skelett seien aber okay. Um Gewissheit zu haben, müsse man noch punktieren.

Ich habe das eigentlich alles sehr kühl aufgenommen. Das war für mich heute der Stichtag. Ergebnis ist: Tumor.

Jetzt reden zwar wieder einige, das könnte auch etwas anderes sein. Ich selbst hätte das natürlich auch gerne. Bringt alles nix. Ich kann noch tausend andere Wünschelrutengänger über mich laufen lassen, aber es geht jetzt darum, Tatsachen zu schaffen und keinen Blödsinn mehr zu verzapfen, nicht rumzujammern, o Gott, das wird ja nichts, oder o Gott, hoffentlich wird das was. Sondern da ist jetzt der Beweis: Da drinnen lebt ein unangenehmer Zeitgenosse. Ein Dreckskerl.

Aber ich habe Glück gehabt, dass er durch meinen Husten zufällig so früh entdeckt worden ist. Das hatte sich dieser Drecksgenosse wahrscheinlich anders ausgedacht. Deswegen hat der da drin einfach Pech gehabt. Denn auch wenn er jetzt Gas geben sollte – er ist früh genug gesehen worden. Jetzt lasse ich da reinpieksen, dann habe ich alle Befunde zusammen. Dann habe ich den Pathologen an der Leitung, und der wird mir sagen, das ist bösartig, das ist gutartig, das ist Entzündung, das ist Hefe, das ist der Tod oder ich weiß nicht was. Und wenn man endgültig weiß, das ist ein Drecksgenosse, dann fahre ich nach Berlin, mache am Wochenende in der Wohnung noch Klarschiff mit meiner Mannschaft und bespreche, was zu tun ist. Am Montag geht es dann in die Klinik in Zehlendorf, da lasse ich mich sofort operieren. Das Ding kommt raus. Und dann wollen wir mal sehen, wie wir das alles in den nächsten zwanzig Jahren organisieren. Wenn dann noch was kommt, dann wird das beseitigt. So nehmen wir das jetzt an. Und wenn wir mal heulen müssen, dann müssen wir auch mal heulen.

Komischerweise bin ich heute Abend immer noch richtig stabil. Nach dem Gespräch mit den Ärzten war ich mit Aino Nudeln essen. Sie hat mir mal so richtig die Meinung gesagt: »Du bist wie dein Vater, lebst im Konjunktiv, **Die Angst ist gelandet.** was wäre wenn und es könnte sein, dass … Kannst du jetzt echt mal mit aufhören. Du bist in der Gegenwart, und du willst eine Realität, und dann reagierst du.«

Seitdem habe ich einen klaren Kopf. Ich will das jetzt wissen. Antje hat den richtigen Satz gesprochen: Die Angst ist gelandet. Ja, meine Angst ist gelandet. Ich gehe heute Abend davon aus, dass ich Krebs habe. Das ist fast eine Erleichterung. Ich war die letzten Tage ja kurz vorm Überschnappen, weil ich mich in dieser Ungewissheit befand und all diese Fantasien losgingen. Auch durch diese Halluzinationen, die ich durch die Infusionen gegen den Pilz in meiner Lunge hatte. Ich lag bei Aino im Arm, hatte die Augen zu und sah plötzlich ein wahnsinniges Durcheinander an Bildern: Da waren irgendwelche Ritterburgen, dann bin ich an ganz großen Ornamenten vorbeigefahren, dann war ich plötzlich im Totenzimmer meines Vaters. Zwischendurch habe ich immer wieder die Augen aufgemacht, Aino gesehen und gesagt: »Das ist merkwürdig. Was ist denn das? Da sind so Bilder. Und ich träume ja nicht. Du bist doch da.« Dann habe ich die Augen wieder zugemacht und ein hässliches Gesicht gesehen, gleich darauf ein wunderschönes, ganz verklärtes Gesicht. Anschließend bin ich durch Räume geflogen, über Dächer, die aussahen wie in Nepal, habe immer alles von oben gesehen. Es endete in einem Wald, der vor mir stand, und im Hintergrund war die Sonne zu sehen. Dann hat sich der Wald bewegt, und ich habe gemerkt, dass das Algen unter Wasser sind, ich war also auch unter Wasser. Das Irre war, dass es am Schluss immer ganz, ganz hell wurde. Und das alles im völligen Wachzustand – das macht einen ja irre, da dreht man durch.

Heute aber ist die Angst gelandet. Ich weiß jetzt ungefähr, wo es hingeht. Ich will, dass das Ding rauskommt. Bin tatsächlich ein wenig in der Stimmung, die ich vor ein paar Tagen in der Kapelle erlebt habe. Da habe ich geredet, ganz leise vor mich hin geredet, obwohl niemand anderes da war. Habe gefragt, wie ich wieder Kontakt herstellen kann und wie ich begreifen kann, dass das jetzt ein Bestandteil vom Leben ist. Und ich habe mich dafür entschuldigt, dass ich mir dabei schon wieder selbst zugehört habe. Nach einer Zeit hat mir irgendjemand einfach die Stimme abgeschaltet. Ich bin ganz still geworden und habe hochgeguckt, da hing das Kreuz, und in dem Moment hatte ich ein warmes, wunderbares, wohliges Gefühl. Ich war plötzlich jemand, der sagt: Halt einfach die Klappe, sei still, es ist gut, es ist gut.

Mir fällt auf, dass ich so viele Sachen gemacht und wieder

umgedreht habe, so viele widersprüchliche Gedanken gedacht und andere Leute dazu angestachelt habe, dass ich
meinem eigenen Denken nicht mehr traue. Ich bin eigentlich ein Produktionsfaktor, ich treibe andere an und freue
mich, wenn meine Gedanken durch andere durchgehen,
und trotzdem: Wenn es um mich geht, dann bin ich plötzlich Zuhörer, Beobachter meiner selbst, weil ich mir selbst
nicht traue. Weil ich weiß, dass ich gar nicht mehr in der
Lage bin, tatsächlich zu glauben, was ich denke.

Das ist der Wahnsinn an der ganzen Sache, auch jetzt. Ei-
nerseits gehst du los und sagst, du machst das jetzt, das
wird klappen, alles wird gut. Andererseits glaubst du dir
diesen Optimismus nicht und denkst, ja, aber nachher
habe ich nur noch einen halben Atem, beim Ficken pfeif
ich aus dem Mund oder was weiß ich was, das wird doch
alles nix mehr, das ist alles Scheiße hier.

Ich geh jetzt mal schlafen, weil ich morgen wahrscheinlich früh weitermachen muss. Und wenn ich dann unters
Messer muss, will ich vorher noch ein paar Gedanken
zur Heilige-Johanna-Inszenierung aufzeichnen, mit Carl,
Leo und Julian als Protokollchefs, damit ein Konzept
herrscht, das schon mal realisiert
werden kann, bevor ich wieder **Tumor als Berufung**
auftauche. Und die Intendantin,
die Frau Harms, rufe ich an, wenn ich das endgültige
Ergebnis habe. Dann sage ich ihr, dass ich meinen Leuten
ganz viele Ideen erzählt habe, dass die Bescheid wissen
und alles vorbereiten, und dass ich jetzt mal kurz in Qua-
rantäne gehe und dann zurückkomme, in einem Zustand,
den ich noch nicht kenne, aber dass ich mir Mühe gebe,
dass alles gut wird.

Und dann komme ich zurück, und wenn es nicht so gut läuft, wenn ich etwas schwächer bin, komme ich halt nur eine Stunde am Tag zur Probe. Dann schreie ich eben nur ein bisschen oder flüstere in ein Mikrofon, und das wird aufgeschrieben und umgesetzt. So machen wir diesen Opernabend, und das ist dann mein Beitrag zur Erlösung im Sinne von Reinigung oder von Verschmutzung oder von Tumor als Berufung.

DONNERSTAG, 17. JANUAR

Heute ist Donnerstag. Die Punktion in Oberhausen ist abgesagt. Um zehn Uhr kam die Nachricht, dass Dr. Bauer aus Berlin angerufen hat und sich gleich sehr nett erkundigt hat, was da los sei. Die Übergabe ist jetzt also organisiert. Dr. Weiland hier in Oberhausen meint, der Bauer sei sehr sympathisch, sei echt interessiert und würde sich nicht als Gott aufführen und so weiter. Die Befunde solle ich gleich abholen und mitnehmen nach Berlin.
Heute Nachmittag fliegen wir. Leo holt uns ab. Dann fahren wir in die Wohnung und treffen Imke und Julian. Und dann bequatschen wir alles und gehen vielleicht Pizza essen. Morgen um neun sitze ich im Sekretariat in Zehlendorf, und der Bauer schaut sich das an und macht vielleicht sogar schon morgen die Punktion. Ja, so sieht das aus. Eigentlich ist das schön. Und neben Aino zu schlafen heute Nacht war auch wunderschön.
Heute Morgen war ich auch wieder kurz traurig. Es schwankt zwischen Nicht-fassen-Können und einer gewissen Kühlheit oder auch Kühnheit. Und jetzt werden wir uns mal fertig machen, etwas frühstücken, dann die Sachen im Krankenhaus abholen und nach Berlin düsen. Ja, so sieht es im Moment aus.

FREITAG, 18. JANUAR

Der Abschied von meiner Mutter gestern in Oberhausen war merkwürdig. Man merkt, wie sehr sie die Situation aufregt, aber auch, wie wenig sie das alles wahrhaben will. Dann stopft sie wie eine Irre Kuchen in sich rein, eigentlich total süß, aber auch verzweifelt um Normalität bemüht.

Man stellt sich ja vor, dass alle weinen, permanent um einen herum sind, der arme Christoph oder so. Aber wenn dann jemand sagt, so, ich gehe jetzt Fernsehgucken, dann kehrt er in eine Normalität zurück, die es für mich nicht mehr gibt.

Diesen Prozess habe ich bei meinem Vater erlebt. Er lag da in seinem Bett, hatte die Aufmerksamkeit von uns, Händchen halten und auch gucken, aber irgendwann ist man gegangen, weil man es nicht aushalten konnte. Man schafft es nicht, ununterbrochen bei jemandem zu sitzen, der nicht mehr am normalen Leben teilnehmen kann. Ich glaube, da gibt es ein Missverhältnis zwischen dem Erlösten und den Unerlösten, also zwischen dem Sterbenden und den anderen Menschen, den Gesunden, die noch glauben, sie könnten sich selbst erlösen, den Faden dazu aber verloren haben und nun wahllos nach Tauen, Seilen oder irgendwelchen anderen Gegenständen greifen, immer in der Hoffnung, den Faden zur Erlösung zu finden. Jemand, der schon halb tot rumliegt, ist aber so nah an der echten Erlösung, dass derjenige, der noch an die Täuschung, das irdische Abbild von Erlösung glaubt, das nicht aushalten kann. Das passt eben nicht zusammen.

Vielleicht biege ich mir das auch alles gerade zurecht, denn ich kann nicht abstreiten, dass ich mich manchmal sehr alleine fühle. Ich habe mir den Kamin angemacht und höre Mozart. Natürlich das Requiem. Aino ist heute Morgen wieder zur Probe gefahren, während für mich der Weg in die neue Klinik ein bisschen wie der Weg zum Schafott ist. Na ja, dann ist sie eben nicht dabei. Dann geht sie halt zur Probe. Sie braucht wohl auch Normalität.

Jedenfalls war gestern Abflug aus Oberhausen. Um halb fünf sind wir in Berlin gelandet, Leo hat Aino und mich abgeholt und nach Hause gefahren. Da warteten schon Julian und Imke, und das war sehr schön. Ist ein tolles Team. Wir haben gemeinsam beraten, was jetzt ansteht, was zu regeln ist, wenn ich unters Messer muss.

Irgendwann sind wir dann gemeinsam Pizza essen gegangen. Auch das war eigentlich sehr schön, aber auf dem Weg zum Lokal kam plötzlich der Gedanke hoch, dass es vorbei ist. Vielleicht nicht, dass es vorbei ist, aber dass das ein Gang durch eine Landschaft ist, die mir nicht mehr zur Verfügung steht. Dass ich mit meinen Leuten vielleicht nie mehr unbeschwert Pläne schmieden und Spaß haben kann. Solche Gedanken kommen. Und dann bricht plötzlich dieses Weinen aus. Kein Weinen, wo man sich bemitleidet, sondern ein unglaublich trauriges Weinen, so ein Trauerweinen, wo man eine Ahnung davon kriegt, dass das alles ja nicht immer so sein wird, dass das ja vorbeigeht. Und ich lebe doch so gerne.

Aber vielleicht habe ich auch nicht richtig gelebt, vielleicht habe ich nur sehr viel Hektik verbreitet. Obwohl ich mich auch verwöhnt habe. Ich dachte jedenfalls, ich hätte mich viel verwöhnt. Ich habe lecker gegessen, ich habe gern getrunken und ich habe gern lange geschlafen. Ich bin um die Welt gereist. Ich habe viele, viele Sachen machen dürfen. Eigentlich könnte ich dankbar sein. Aber man sitzt dann da und wird traurig, weil man sich wünscht, einfach wieder unbeschwert sein zu können. Man möchte sich eben keine Gedanken machen, ob das jetzt das letzte gemeinsame Essen ist. Gar nicht dran denken müssen – das wäre schön.

Gerade habe ich noch einmal überlegt, dass Jesus beim letzten Abendmahl wahrscheinlich doch nicht wusste, dass er anschließend verraten wird. Er hat gewusst, dass es irgendwann passieren wird, aber den genauen Zeitpunkt kannte er nicht. Den Tag und die Stunde und die Minute nicht zu kennen, das ist ja eigentlich gut, das ist ja letzten Endes der Beweis für die Offenheit des Lebens. Aber trotzdem möchte der Mensch partout das Datum wissen, möglichst noch auf die Sekunde genau. Dabei könnte er, wenn er wüsste, wann er stirbt, die Zeit davor nicht mehr genießen. Das wäre wohl das Schlimmste, was einem passieren könnte: wenn einem die Stunde des Todes auf die Minute genau vorausberechnet wäre. Denn selbst wenn es erst in fünfzig Jahren wäre, würde man von dem Moment an, wo man es weiß, runterzählen, könnte sich dem Leben nicht mehr öffnen. Es wäre wohl die radikale Unfreiheit.

Irgendwann sind wir dann aufgebrochen und ich bin in die Wohnung zurückgekehrt. Aino kam von der Probe und ist ziemlich schnell ins Bett gegangen, weil sie so müde war. Ich habe mich dazugelegt, das war paradiesisch. Es könnte echt alles paradiesisch sein.

Der heutige Morgen war ganz in Ordnung. Ich habe einen Berg E-Mails weggearbeitet und vor der Punktion noch schnell einen Zettel für den Fall der Fälle geschrieben.

Ein paar Dinge müssen geklärt sein. Ich möchte, dass meine Mutter bis an ihr Lebensende gut versorgt wird und alles verbraten kann, was an Geld reinkommt. Ein anderer Wunsch von mir ist, dass die Filme verfügbar bleiben. Außerdem sehne ich mich zurzeit sehr danach, dass meine Internetseite mehr Struktur bekommt, damit man sehen kann, was in den 47 Jahren alles passiert ist, was der Typ in seinem Leben so gemacht hat. Im Augenblick findet man sich einfach nicht zurecht. Ich möchte, dass man meine Sachen chronologisch verfolgen kann, nach Jahreszahlen geordnet. Und wenn man die Jahreszahl hat, kommt man in die Abteilung Projekt, und dann kommt man in die Abteilung Fernsehen, Theater, Oper, was weiß ich. Nicht so ein Durcheinander wie im Augenblick. Ich will, dass man sehen kann, in jenen Jahren ist das und das passiert. Schluss.

Und wenn nachher durch den Verkauf meiner Sachen wirklich etwas Geld reinkommt, dann fände ich es schön, wenn mein Büro hier noch zwei, drei Jahre weiterlaufen könnte, um alles ein bisschen zu ordnen, um Klarheit in meine Arbeit zu bringen.

So eine Hinterlassenschaft ist mir wichtig. Ich denke natürlich gerade wie jemand, der sagt, ich wache nicht mehr auf. Ich wache wieder auf. Aber ich will dann sehen können, dass die Ereignisse meines Lebens zusammenhängen, dass meine Arbeiten sich aufeinander beziehen und sich immer weiter transformiert haben. Mit einem klareren Blick zurück kann man auch viel besser nach vorne gucken. Wenn man hinter sich nur so ein Gewusel an Projekten sieht, dann fällt es schwer zu sagen, so, da geht's lang. Ich brauche jetzt hinter mir einen aufgeräumten Laden. Der muss nicht klinisch steril sein, aber er muss Orientierung geben.

Vor allem habe ich ein Bedürfnis zu wissen, welche die Momente waren, durch die ich Leute berührt habe. Ich möchte doch am Ende nicht dastehen und sagen müssen: Ich habe mich geil gefühlt und schön viel Scheiße ange-

## Ich bin gerne auf der Welt. Ich möchte gerne auf der Welt Dinge tun.

rührt, mehr war nicht. Ich will keine abgehobene Künstlerfresse sein, die nur sich selbst aufführt und die Ansage macht: Ich habe euch etwas zu sagen, weil ich die Welt anders sehe als ihr. Das ist es nicht. Ich bin gerne auf der Welt. Ich möchte gerne auf der Welt bleiben. Ich möchte gerne auf der Welt Dinge tun.

Vielleicht muss ich Sachen machen, die sich noch stärker auf die Gesellschaft beziehen. Am Ende, egal wann, will ich sicher sein können, dass meine Arbeit einen sozialen Gedanken hatte. Dass meine Projekte der Frage nachgegangen sind, warum manche Systeme Zwänge brauchen und andere nicht, wie diese merkwürdigen Zwänge funktionieren, und vor allem, warum manche Leute in diesen Systemen nicht vorkommen.

Deshalb vielleicht diese Idee mit dem Festspielhaus in Afrika. Ich will etwas bauen, wo andere Währungen geschaffen werden können, zusammen mit Leuten, die nicht an der Gelddruckmaschine stehen. Ich stelle mir vor, dass man in einem Dorf eine Kirche, eine Schule, eine Krankenstation und ein Theater mit Probebühnen baut. Vor allem die Probebühnen sind wichtig. Da kommen dann die Leute aus der Gegend hin und erzählen eine Geschichte, erzählen von ihren Gedanken, bringen Gegenstände mit, die ihnen etwas bedeuten, lesen aus einem Buch vor oder was weiß ich. Und deutsche Schauspieler kommen vielleicht zu Besuch und unterrichten die Leute. Jedenfalls toben wir alle gemeinsam rum und stemmen alles auf die Bühne. Das wäre dann eine Art Transformationskasten. Und ich erhoffe mir, dass diese Überblendungen von Bildern und Texten verschiedener Kulturen neue Währungen im System erzeugen. Dann präsentieren wir das Ergebnis hier in Deutschland, topfen die Sache gleichsam um. Dadurch, dass sich jemand anmaßt, etwas aus Afrika hier zu präsentieren, entstehen vielleicht diese Überblendungswährungen. Da muss ich noch mehr drüber nachdenken.

Heute Mittag habe ich in der Klinik Dr. Bauer, den Internisten, kennengelernt. Der Mann kommt mir sehr offen und klar vor. Er hat sich die Unterlagen erst einmal in Ruhe angeguckt. Meinte, dass diese verdächtige Lymphdrüse, die da entdeckt wurde, nicht zu meinem Lungenkrebs passe. Dass das etwas anderes sein müsse. Er hat auch einen Satz gesagt, der sehr schön klang: Das sei für ihn Krebs, den man entfernen und heilen könne. Er hat wirklich gesagt, dass mein Krebs heilbar sei. Man will nicht euphorisch werden, aber das ist ein wunderschöner Satz. Weil das bedeuten würde, das Ding ist erwischt worden, bevor es losschießen konnte.

Anschließend wurde die Punktion gemacht. Da wird die Haut betäubt, man kommt in eine Röhre, und der Arzt fährt mit einer langen Spritze in den Körper rein. Fand ich interessant, dass ein spitzer Gegenstand in meinen Körper fährt und ich mir das alles auf einem Monitor anschauen kann.

Den Befund vom Pathologen gibt es wohl erst nächste Woche. Das ließ mich natürlich wieder verzweifeln, weil ich dachte: Aha, sie haben ganz viele Krebszellen gefunden, jetzt wollen sie nur noch wissen, welche. Deswegen habe ich bei der Blutabnahme den Oberarzt ein wenig gelöchert. Er war sehr nett und hat mich beruhigt: Das sei wirklich alles noch unklar, da müsse man genauer nachschauen. Es könne sogar sein, dass gar nichts Eindeutiges gefunden wird. Das kommt wohl vor, dass man kein Material findet, an dem man etwas erkennen kann. Aber er würde mir in jedem Fall raten, das Ding rausnehmen zu lassen. »Gucken Sie, dass das rauskommt«, sagte er. Wenn es draußen sei, könne man dann genau untersuchen, ob es bösartig ist.

Das Gespräch hat mir gutgetan. Ist wohl wirklich so, dass auch die Ärzte unsicher sind. Dass sie zwar Zellen haben, aber gar nicht genau wissen, was es für Zellen sind. Ich gehe auf jeden Fall fest davon aus, dass ich nächste Woche operiert werde. Die Operation macht ein Professor Kaiser, der wohl eine absolute Koryphäe ist. Soll einer der besten Lungentypen sein. Wenn er während der OP

feststellt, dass es kein Krebs ist, dann wird das klein raus-
geschnitten. Und wenn es Krebs ist, wird er eben einen
Lungenlappen rausnehmen, und das war's dann.
Das war der Bericht von heute. Eigentlich nicht schlecht.
Jetzt kokelt das Feuer noch. Es ist Viertel vor zehn, und
ich gehe bald mal ins Bett. Schon anstrengend alles.

SAMSTAG, 19. JANUAR

Als ich heute Morgen draußen war, um mir etwas zum Frühstück zu holen, habe ich plötzlich einen Stich in der Brust gespürt. Wohl wegen der Punktion von gestern. Aber das war ein gutes Erlebnis: Dadurch habe ich erst gemerkt, wie langsam ich gehe, wie vorsichtig. In diesem Moment war mir völlig egal, ob irgendjemand neben mir schneller lief. Es ging nur darum, dass ich aufpassen musste, nicht zu schnell zu gehen. Dieses vorsichtige, langsame Gehen hat mir gezeigt, wie sehr ich auf meinen eigenen Erhalt bedacht bin. Das sagt mir ja diese kleine Schmerznummer: Christoph, kümmere dich um dich selbst! Mach jetzt keinen Scheiß!
So wird das wohl auch nach der OP sein. Wenn ich aufwache, werde ich anders atmen. Dann darf ich nicht wie früher die Treppe raufrasen, sondern muss eben mal Aufzug fahren, darf bei Gesprächen nicht gleich losbrüllen, sondern muss mich zwingen, ruhig zu bleiben, um mich zu beschützen. Dieses Gefühl, sich beschützen zu müssen, ist wichtig – es macht einem klar, dass es nun wirklich um einen selbst geht.

Jetzt sitze ich auf dem Sofa und versuche, ein bisschen an der Johanna-Inszenierung zu basteln. Vor ein paar Tagen in Oberhausen dachte ich, ich könnte der Figur der Johanna von Orleans irgendwelche Abgründe abgewinnen. Dachte, dass sie eine ist, die ihre Kraft aus der Berufung zieht, eine, die sagt: Ich habe einen Grund für meine Gedanken gefunden, es gibt etwas in mir, das mir erlaubt, so zu sprechen, obwohl ich mir selbst nicht traue. Dass sie auf der Suche sei nach dem richtigen Bild, einem

## Du bist zwar, der du bist, aber für uns bist du nix.

Bild, das ihr das Gefühl gibt, sinnvoll zu leben, einen Auftrag zu haben, etwas erreichen zu können. Ich habe geglaubt, dass es in dieser Oper von Walter Braunfels um den irrwitzigen Glauben gehe, eine bestimmte Religion ermögliche uns Menschen die Freiheit, die wir nur in der eigenen Autonomie finden können.

»Ich bin, der ich bin«, das ist ja eigentlich ein großartiger Satz Gottes. Von Jesus oder einem Menschen gesagt, birgt er alle Freiheiten in sich und ist gleichzeitig extrem unfrei. Weil derjenige, der diesen Satz ausspricht, sich natürlich nur auf sich beziehen kann, und letzten Endes damit alles erfassen, aber auch im absoluten Nichts untergehen kann. Man wird ihn nicht mehr erkennen können, wenn man sagt, du bist zwar, der du bist, aber für uns bist du nix. Das ist der wahre Albtraum. Und ich dachte, das sei das, was auch eine Johanna durchmacht.

Im Moment denke ich nur: Meine Güte, was für ein aufgeblasener Schwachsinn. Vielleicht sollte ich einfach mit Transparenten arbeiten. Da würde dann draufstehen: Hört die sich schon wieder selbst zu? Oder: Was hat die denn für Probleme?

Es wäre gar nicht schlecht, ein Transparent runterzurollen, wo draufsteht: Jetzt mach mal halblang! Komm runter, Alte! Das wäre wirklich eine schöne Untertitelung für den Scheiterhaufen: Komm mal wieder runter, Alte! Und die Sänger liegen in Computertomografen, hinter ihnen wuchern irgendwelche Pilze, und kurze Schriftzüge flackern auf: Komm runter! Halt die Klappe! Komm mal wieder ins Bild!

Heute Morgen ist Aino wieder zur Probe gefahren. Und natürlich habe ich sie mal wieder gebeten, sie solle bleiben, weil das jetzt die letzten Tage seien, an denen man noch einen Funken von Normalität hat. Klar weiß ich, dass das nicht stimmt, aber man könnte wenigstens so tun, als ob alles normal wäre.
Doch sie geht eben zur Probe. Ich verstehe das alles nicht. Natürlich gibt Aino sich Mühe, rast durch die Gegend und versucht, das alles hinzukriegen. Ich würde ja wahrscheinlich auch so reagieren, ja, mein Schatz, ich liebe dich, muss jetzt aber zur Deutschen Oper, wir haben heute technische Einrichtung, um vier Uhr bin ich wieder da. Das ist eben so. Das ist eben diese Form von Realismus, wenn Mutter einen Bienenstich isst statt niederzuknien und mit Kerzen rumzufummeln. Oder eben wenn Aino sagt, sie geht zur Probe … Ach, ich weiß auch nicht, ich bin einfach enttäuscht, dass ich hier jetzt wieder alleine rumsitze. Aber Aino macht das auch aus Liebe. Sie will eben gerade, dass das Leben einen Funken von Normalität behält. Woher nimmt sie bloß die Kraft? Am liebsten würde ich mir eine Tablette reinknallen und einfach nur durchschlafen. Dann muss ich wieder an meinen Vater denken, wie er da in seinem Bett lag und manchmal

ganz laut nach uns gerufen hat. Das war natürlich die Eifersucht, dass er da liegt, und wir sind in der Küche, essen lecker und lachen sogar. Ich bin jetzt auch eifersüchtig. Und trotzdem, man kann von keinem Menschen verlangen, sich 24 Stunden lang aufopfernd neben einen zu legen. Das sind Feierstunden für nix. Das geht eben nicht, bringt auch nix. Mitleiden geht sowieso nicht, mitbefürchten geht vielleicht. Ich kann natürlich jetzt auch Krieg spielen und sagen, ja, Leute, ich muss weiter, die nächste Front ruft, dann hoppel ich halt mit einem Bein weiter, ist egal, es geht hier um den Endsieg.

Wie eine Trennung kommt mir das alles vor. Eine Trennung von der Normalität. Normal ist es, eine Beziehung zu haben, wo man sich sieht, gemeinsam aufsteht, frühstückt, aber sich dann auch verabschiedet: Tschüss, bis später, wir sehen uns. Das geht jetzt eben nicht mehr, diese Normalität ist verletzt, hat mich verlassen.

Ach, Mann, ist das alles eine Kacke. So eine unendliche Kacke.

SONNTAG, 20. JANUAR

Für mich gibt es zwei Möglichkeiten. Ich muss entweder
ganz abhauen und sagen: Das soll halt wachsen, das ist
jetzt in mir, das gehört dazu. Der andere Weg ist: Nee,
bitte, bitte, noch eine Infusion, und dann ein bisschen
kotzen, und dann noch mal ein Stückchen hier raus und
da raus. Und da werde ich aggressiv, denn ich kann ja
nicht abhauen, ich kann vor allem vor mir selbst nicht
abhauen, ich kann mich nicht wegschließen und sagen,
ich wache etwas später auf, dann ist alles wieder gut.
Ich würde gerne noch so viel machen. Die Frage ist nur,
muss ich das dann mit einem Sauerstoffgerät machen,
oder mit irgendwelchen Kanülen oder irgendwelchen
Kacktaschen am Bauch oder so. Ich würde ja gerne sagen,
egal, dann läuft die Kacke halt da unten rein, aber du
kannst wenigstens von hier oben aufs Meer gucken oder
so etwas.
Aber ich finde den Hebel nicht. Finde die Glücksmomente
nicht wie in Manaus, als wir den ganzen Tag eine Bootsfahrt gedreht haben, mit zig Leuten, mit Chor, Sängern
und Orchester; und es begann zu regnen, es war heiß,
überall Fackeln, Musik, und ich habe rumgebrüllt bis zur
Erschöpfung. Nachher saß ich auf einem Plastikklapp-

stuhl, schaute auf die Uferböschung vom Amazonas, und in der Ferne brannte ein helles Licht. Da wurde ich ganz weich, mein Vater war auch irgendwie da, alles war warm, und ich habe mich aufgelöst in der Hitze und in der Feuchtigkeit. Solche Erlebnisse sind ja unbegreiflich, für mich sind sie göttlich.

Es gab aber eben viele Momente, wo ich das Glück nicht zugelassen habe. 47 Jahre lang habe ich wirklich viel gemacht, viele Leute kennengelernt, viele Dinge erlebt. Ich hatte liebe Freunde. Ich durfte denken, habe viele Gedanken geschenkt bekommen, viele Glücksdinge. Ich habe auch viel Scheiße gebaut und mich sicherlich auch oft falsch verhalten. Aber das Schlimme ist, dass ich die guten, die wichtigen Momente oft nicht richtig genießen konnte, dass ich nicht kapiert habe, was das gerade für ein Glück ist.

Ich bin jetzt erschöpft. Seit zwei, drei Tagen habe ich das Gefühl, dass ich in die Knie gehe. Ich habe keinen Bock mehr.

Sich selbst im Fallen zu begreifen ... sich fallen zu lassen ist schwer.

MONTAG, 21. JANUAR

Mein Problem ist, dass ich nicht genau formulieren kann, was ich in meinen Arbeiten getrieben habe, was mich in meinem Leben geritten hat. Am besten habe ich mich gefühlt, wenn die Geister in Scharen geflogen kamen; entweder haben sie meine Projekte torpediert, oder sie haben sie in höhere Gefilde geschraubt. Dann bin ich wohl einfach mitgeflogen. Ich kann das nicht erklären. Ich weiß nicht, was ich den Leuten erzählen soll. Ich weiß auch nicht, was ich mir selbst erzählen soll. Aber ich muss doch den Anlass wissen, warum ich mir wie ein Irrer Dinge ausgedacht habe. Bis jetzt konnte ich ja rumspinnen, wie ich wollte. Jetzt will ich aber wissen, warum ich so gerne gesponnen habe, und was das bedeutet, wenn man gesagt bekommt: Jetzt kannst du aber nicht mehr so spinnen, jetzt ist gerade mal Schluss mit Spinnen. Was denk ich denn dann noch?

Mir fällt gerade etwas Schönes ein, was ich vor Kurzem gelesen habe; ich finde, das passt sehr gut zu den Fragen, die mich zurzeit beschäftigen. Die Sätze stammen aus einem Buch mit dem Titel »Farabeuf oder die Chronik eines Augenblicks« von Salvador Elizondo, einem mexikanischen Schriftsteller: »Sind wir vielleicht eine Lüge?

Sind wir vielleicht ein Film, ein Film, der kaum einen Augenblick lang dauert? Sind wir die Gedanken eines Wahnsinnigen? Sind wir ein Druckfehler? Sind wir vielleicht ein Zufall, der noch nicht Realität ist, der sich noch kaum in der Zeit abzeichnet? Sind wir eine Vorahnung? Eine künftige Tatsache, die sich noch nicht vollzieht? Sind wir denn ein unverständliches, an einem Regennachmittag auf eine beschlagene Fensterscheibe geschriebenes Zeichen? Eine längst vergessene Erinnerung an ein längst vergessenes Geschehnis? Sind wir Wesen und Dinge, die durch eine Form schwarzer Kunst heraufbeschworen wurden? Sind wir etwas, das man vergessen hat? Sind wir vielleicht eine Anhäufung von Wörtern? Ein Beweis, auf den niemand hört? Sind wir ein in unleserlicher Schrift übermitteltes Ereignis? Sind wir das flüchtige unwillkürliche Bild, das vor den Liebenden auftaucht in dem Augenblick, in dem sie sich finden? In dem Augenblick, in dem sie einander besitzen? In dem Augenblick, in dem sie sterben? Sind wir ein geheimer Gedanke?«

Das sind jetzt die letzten Stunden vor der endgültigen Diagnose.

## Johanna marschiert mit ihrer Fahne durch meinen Körper.

Ich brauche den Glauben an die Möglichkeit, dass es weitergeht. Ich habe etwas zu verteidigen. Ich zweifle gerade viel, auch an meinem Glauben. Und ich habe Angst, auf der Flucht vor dem bösen Geist, der mich bedroht, meinen Schutzheiligen zu überfahren. Das ist doch nicht ausgeschlossen, dass mir auf der Straße einer bei Nacht und Nebel vor den Karren läuft, der eigentlich der heilige Michael ist oder was weiß ich was. Ich meine das natürlich als Bild. Das heißt, ich bin auf dem Weg, zum

Siegen bereit, ich kann siegen, ich habe die Kraft. Und auf der Fahrt durch die Nacht, mit der Angst im Nacken, dass es nicht klappt, überfahre ich die, die ich eigentlich mit ins Boot holen müsste.

Aber es gibt auch den großen Frieden, auf ein Kreuz zu blicken und mich zu ergeben und fallen zu lassen. Und die Johanna marschiert manchmal mit ihrer Fahne durch meinen Körper.

DIENSTAG, 22. JANUAR

Ich weiß nicht, ob ich jemals einen solchen Tag erlebt habe. Ich glaube nicht. Ich weiß es nicht genau. Vielleicht einmal, in meiner Jugend, da war ich elf und habe auf einem Feld von Bauer Mewes ein Gefäß gefunden, in dem eine Taube saß. Ich habe das Ding berührt, dann gab es einen großen Knall, die Taube flog hoch und zur Seite raus – und mein Arm wäre fast in diesem Metallständer gelandet, abgequetscht.

Es war eine Falkenfalle. Der Falke sollte runterfliegen auf die Taube, das Gerät schlägt zu, die Taube fliegt raus, er ist gefangen.

Dr. Bauer hat uns heute in sein Zimmer geholt und war direkt bei der Sache. Er würde gern etwas anderes sagen, sagte er, aber wir haben den Befund und der ist große Scheiße.

Das ist ein Adenokarzinom. Das muss sofort raus. Und es würde jetzt eine harte Zeit auf mich zukommen, eine verdammt harte Zeit. Das werde kein leichter Weg: Operation, Chemo und Bestrahlung, oder eben erst Chemo, dann Operation, danach Bestrahlung und dann noch mal Bestrahlung ... oder Chemo. Und zu Aino hat er gesagt, dass sie erst mal nicht im Krankenhaus, sondern zu Hause übernachten solle, weil sie die Kraft später bestimmt noch brauchen werde.

Ich habe tagsüber die Dinge eigentlich nicht so ganz verstanden. Ich habe zwar geheult und viel telefoniert, viel geredet, aber ich habe nicht verstanden, was das jetzt soll, was jetzt passiert. Werde ich jetzt für irgendetwas bestraft? Warum bricht alles zusammen? Die ganze Normalität bricht zusammen. Sich ein gottverdammtes Brötchen zu besorgen, ist plötzlich nicht mehr möglich. Und wenn ich nur noch kurz zu leben habe? Nur noch mit Schläuchen und Chemos und irgendwas?

Ich habe heute auch mal daran gedacht, mich umzubringen. Vielleicht hau ich einfach ab, dachte ich. Fliege nach Afrika, besorge mir Morphium und setze mich irgendwohin, schaue in die Landschaft, und vielleicht kommt ja eine Kobra vorbei, dann lässt man sich kurz mal beißen und erstickt.

Ich versteh das nicht! Ich bin entsetzt! Meine Freiheit ist weg. Ich bin meiner Freiheit beraubt. Und ich habe mir eingebildet, dass mich Schutzengel beschützen. Das haben sie auch oft. Schutzengel, wenn ihr mich hört, ihr seid doch hier. Bitte macht, dass das gut ausgeht. Kein Tumor mehr im Bauch, bitte. Bitte nicht! Lass den Tumor in der Brust, dass die den da bekämpfen. Gib mir noch die Chance. Ich will doch noch ein bisschen leben. Ist mein Leben so verpfuscht? Muss das denn sein? Ich habe eine wunderbare Frau. Wir haben jetzt eine tolle Wohnung. Wir haben nette Leute, die mitarbeiten. Es gibt genug Dinge, die jetzt anstehen könnten. Ich hatte mit meinem Gelübde, ein Theater

**Mit wem rede ich da eigentlich? Du sagst ja doch nix.**

in Afrika zu bauen, sogar noch die Illusion, eine sinnvolle Idee gefunden zu haben, etwas, auf das ich von nun an hinarbeiten könnte.

Warum wird das alles jetzt kaputt gemacht? Warum? Mit wem rede ich da eigentlich? Du sagst ja doch nix. Jetzt wird alles dezimiert, die ganzen Schlingensiefs werden ausgerottet. Und vorher noch gevierteilt und gegrillt. Von wem, bitte schön? Von wem? Wer ist das? Ich bin sehr, sehr enttäuscht und traurig. Der anfängliche Schub zu Jesus und Gott geht eher wieder weg. Vielleicht kommt er wieder, wenn man ganz am Arsch ist. Aber das finde ich auch sehr, sehr schade.

Ein paar Sachen wollte ich noch ausprobieren. Und nun: 47 Jahre. Ach, ihr Heiligen und ihr, ich weiß nicht, ihr Geister: Ich bin jetzt geheilt. Ihr könnt weiterziehen … weiter … weiter … weiter …

MITTWOCH, 23. JANUAR

Heute ging es weiter mit Untersuchungen. Beim Ultraschall vom Bauchraum wurde wohl nichts Böses entdeckt. Doch dann kam dieses MRT vom Kopf. Ich glaube, dass sie da etwas gefunden haben. Die waren so komisch hinter dem Monitor. Einer der Ärzte kam in der Pause zu mir, spritzte das zweite Kontrastmittel und fragte: »Hatten Sie mal einen Hirnschlag oder eine Hirnoperation?« Was ist denn das für eine Frage, schoss mir da durch den Kopf. Der hatte mich doch schon vor der Untersuchung befragt, nach Herzinfarkt und Allergien und ich weiß nicht was. Da hätte er die Frage doch auch schon stellen können. Warum fragt er mich das nach zehn Minuten Gehämmer?

Ich glaube, die haben was gefunden. Und ich muss jetzt wissen, was los ist. Wenn die sagen, ja, da gibt's hier und dort Knübbelchen, dann ist das für mich eine klare Zäsur. Wenn in meinem Gehirn schon Metastasen sind, dann ist das hier für mich vorbei, dann ist das Thema durch. Dann verschiebe ich die OP, dann lauf ich vom Pfarrer bis zum Schamanen, setz mich auf einen Ausflugsdampfer, was weiß ich, was ich mache.

Vielleicht noch die Lunge raus und Chemo, aber eine

Gehirnoperation gibt's nicht. Dann ist Verwesung angesagt. Dann wird in meinem Körper eben ein Zerfallsprodukt produziert, dann findet Auffressen statt, dann lass ich mich zerlegen. Vielleicht sollte ich mich wirklich mit guten Freunden und jemandem, der Tabletten gegen die Schmerzen hat, nach Afrika absetzen. Dort kann ich immer noch in Mikrofone reden und Gedanken äußern. Dann wird das Festspielhaus gebaut, und ich kämpfe und ich arbeite und ich saufe und ich mache. Laut, hektisch, traumatisch, grauenhaft, keine Ahnung. Und entweder liege ich dann irgendwann schreiend auf dem Boden, bitte um Hilfe und um Rückflug nach Deutschland, oder ich schlafe dort einfach ein.

Jeder Tag ist für Sie ab jetzt ein neuer Tag, den absolvieren Sie, und dann kommt wieder ein neuer Tag, sagte der Radiologe. Es geht nicht mehr um die langfristigen Pläne, so hat er es formuliert. Kann mir doch ausmalen, was der meint: ein Jahr, zwei Jahre, ein bisschen Klinik, bisschen Chemo, kotzen, schreien, würgen, dann wieder aufs Podium steigen: Hallo, ja, ich bin noch da.
Ich höre die Leute schon reden: Der wilde Schlingensief, der Provokateur, das Enfant terrible … natürlich wahnsinniger Überlebenswille … wahnsinnige Anstrengungen … hat bis zum letzten Atemzug gekämpft … am Ende dann doch in der Klinik soundso …
Das passt doch nicht. Da ist doch alles nicht zu fassen! Wie soll ich das denn schaffen, dieses Grauen zu akzeptieren und mir zu sagen: Ja, Christoph, das bist jetzt du, du wirst gerade zerlegt, löst dich in Wurmscheiße auf! Hast 47 Jahre lang Schwachsinn angerührt, das ist ziemlich üppig, damit ließen sich drei Leben füllen, jetzt wirst

du halt aufgefressen. Was das sollte, hast du selbst nicht herausbekommen, aufarbeiten müssen das andere Leute. Aber du hast herausbekommen, dass du zerstörbar bist. Und das hast du am Schluss noch bis in die letzte Ader gespürt. Das ist doch was, das ist doch wenigstens eine Information! Da kann man sich drauf verlassen! Eins ist sicher: dass man zerstörbar ist.

Worüber rede ich eigentlich? Bis in die letzte Ader – ist doch Quatsch. Natürlich will ich betäubt werden, natürlich habe ich Angst vor den Schmerzen, und wahrscheinlich springe ich der Kobra entgegen, damit sie mich beißt, und nach 15 Minuten bin ich gelähmt und ersticke. Denn die Nummer hier durchzuziehen, mit einem Rohr im Arsch, einem Röhrchen im Kopf und noch irgendwelchen anderen Schläuchen, damit ich nachher beim Bäcker noch einmal mein Mettbrötchen abholen und den Leuten erzählen kann, ja, ja, das lohnt sich, das Leben – das ist ja grauenhaft. Das kann es doch nicht sein.

Bei mir sind gerade alle Seile und Verbindungen abgerissen. Ich würde gerne einfach nur wegdämmern. Vielleicht ist das auch genug hier, dieses Leben. Es ist trotzdem supertraurig. Es ist trotzdem so traurig.

Aino ist gerade gegangen und hat auch ganz viel geweint. Ich glaube, dass auch sie langsam realisiert, dass das alles ein radikaler Einschnitt ist und ein anderes Leben beginnt. Ich habe eine Tablette bekommen, die mich stiller, ruhiger machen soll. Die Ungeduld, dieses Warten auf die Ergebnisse, spielt auch eine Rolle, ist ja klar.

Trotzdem: Ich bin aggressiv und wütend und habe den Draht zu Jesus und zu Gott verloren. Ich kann nicht mehr beten, kann mit diesem Schwafelkram, mit dem ganzen Zinnober, auch mit dem ganzen pathetischen Kram, den ich da in Oberhausen abgefeiert habe, nichts mehr anfangen: Verzweiflung, Gelübde abgelegt, Himmel wird rot, Glaube erkannt, werde berufen – alles Blödsinn. Vielleicht sollte ich denen da oben einfach sagen: Kümmert euch um euren eigenen Kram und lasst mich in Ruhe. Aber möglicherweise glauben die mir einfach nicht. Vielleicht sagen die: Junge, das musst du alleine durchstehen, da können wir dir gar nicht helfen, wir haben viel wichtigere Sachen zu tun. Ich weiß es nicht.

Jedenfalls ist das Verhältnis zu Gott und zu Jesus zerrüttet. Ich dachte, dass ich im Kern beschützt sei. Von Gottes Gnaden behütet, belohnt mit Tausenden von Möglichkeiten, gesegnet mit einem langen Leben, mit vielen, vielen Dingen, Bildern, Fragen, Antworten, Fragen, die sich aus Antworten ergeben. Und in den letzten Tagen habe ich echt geglaubt, ich bekäme jetzt die große Chance zu beweisen, dass ich ein ernsthaftes Anliegen habe, dass ich in der Welt noch Wichtiges zu tun

**Gott ist ignorant. Er sagt einfach, was du da machst, interessiert mich nicht.**

habe – und auch, dass ich die Möglichkeit bekäme, das Leben jetzt wirklich genießen zu lernen. Habe mir eingebildet, dass ich noch viele, viele tolle Momente erleben werde, mit Essen und Trinken, Natur und Musik, Liebe und Sex.

Und das, lieber Gott, ist die größte Enttäuschung. Dass du ein Glückskind einfach so zertrittst, du bist jedenfalls gerade dabei, das zu tun. Und all die anderen Leute, die an dich glauben, zertrittst du auch, zum Beispiel die, die nach Lourdes laufen und dennoch nicht geheilt werden.

Pure Ignoranz ist das. Gott sagt einfach, was du da machst, interessiert mich nicht, ist mir egal. Ich lege mich über dich, ich fresse mich in dich rein, ich missbrauche dich für meine Sachen, ich bringe dich einfach um die Ecke. Ist ihm völlig egal, wer ich bin, was ich mache. Wenn diese Beliebigkeit der Weg zum Glück sein soll, dann ist der Weg zum Glück einfach eine Rechenformel von Scheiße mal Pi-Quadrat.

Ich bin zutiefst verletzt in meinem Gottvertrauen, in meiner Liebe zum Leben, zur Natur – ich will mich nur noch betrunken unter den Sternenhimmel von Afrika setzen und mich auflösen. Warum nicht? Aber dann kommt das christliche Geschwätz, seinen Mann nicht gestanden, sich der Sache entzogen, dem Problem entzogen, wir haben doch alles getan, Intensivmedizin stand zur Verfügung, und er hat sich einfach hängen lassen. Da kann ich nur sagen, bei Jesus gab es auch keine Intensivmedizin, der hat sich auch hängen lassen. Und überhaupt: Jesus am Kreuz ... hat stundenlang gelitten ... – das ist doch lächerlich im Vergleich zu einem Krüppel, der sein Leben lang rumliegt oder auf einem Beinstumpf durch Nepal rutscht. Der leidet sein Leben lang. Was sind dagegen drei Stunden am Kreuz? Und dann hat man dem auch noch in die Seite gestochen, damit er seinen eigenen Betäubungssaft produzieren konnte. Ja, mein Gott, das muss man doch mal sagen dürfen, verdammt!

Aber es lohnt sich nicht, große Töne zu spucken und über Gott und Jesus herzuziehen. Dass es dich gibt, Gott, dass es ein göttliches Prinzip gibt, das glaube ich schon. Trotzdem will ich im Moment in Ruhe gelassen werden, will wegkommen von diesem christlichen Schmier, den man mir beigebracht hat. Von diesem Dreck. Das ist nix. Das hat nichts mit dem göttlichen Prinzip zu tun. Ich habe auch keine Lust, mich stattdessen mit irgendwelchen Buddhisten oder Hinduisten um Shiva und Kali und wie sie alle heißen zu kümmern, frühmorgens mit dem Reistopf durch die Gegend zu rennen und irgendwo Reis reinzustopfen, damit der Tag vielleicht etwas schöner wird und die Cholera nicht so nah ans Haus kommt. Das ist auch alles Quatsch.

Gott bewahre, dass ich dir eins in die Fresse schlage. Du glaubst wohl, dass du mir mit alldem einen Weg be- schreibst. Du beschreibst mir einen Weg, das ist schon klar, aber der Weg hätte ruhig anders verlaufen können, etwas heiliger und berufener, so wie ich mir das in meiner Kitschnudelfabrik vorgestellt habe, weil ich die Kacke so gelernt habe. Ich glaube, dein größtes Versäumnis ist dein Vertriebsnetz. Du hast nicht versagt bei meiner Krankheit oder bei anderen Krankheiten, oder bei all den Missstän- den auf der Welt, du hast versagt in dem Vertrieb deiner Ideen. Da hast du so etwas von versagt. Da hast du die letzten Deppen rangelassen, die allerletzten Oberfressen, die Möchtegerns und Schwätzer und was weiß ich wen. Alte Gesellen, die nicht ficken dürfen. Pädophile Kappen, die den Afrikanern verbieten, Präser zu benutzen. Das ist dein Vertriebssystem. Da bin ich drauf reingefallen. Meine Eltern auch. Und manchmal war es ja auch toll, das ganze Brimborium. Da fühlte man sich berufen, da war man plötzlich eins mit allem. Zum Kotzen! Jetzt lieg ich in der Trommel, in meinem Kopf sind schon irgend- welche Hostien verteilt, und ich denke noch: Wo ist denn jetzt Jesus? Hallo? Gott, was machen wir denn nun? Werde ich bestraft für die Scheiße, die man mir beigebracht hat? Dafür, dass ich auch einer von diesen Vertriebsarschlöchern war, mich nie um die Bibel gekümmert habe, immer nur auf die Bilder gesetzt habe?

Es ist schon ein unglaublicher Dreck, der jetzt aus meinen Poren, aus meinem Hirn, aus meiner Nase rauskommt. Aber er riecht gut und duftet sogar in gewisser Weise besser als all der Weihrauch und all der rote Tand. Ich predige jetzt einfach: Werft die Hostien auf den Müll, es lohnt sich nicht. Und warte auf den Tag, an dem ich dann daliege und flehe: Gott, verzeih mir, was habe ich getan.

Aber ich bin momentan realistischer als früher, weil ich einfach euer Vertriebsnetz, eure Art der Mitteilung, eure Versuche, andere zu beeinflussen, durchschaue. Das ist so mies und so dreckig und so billig. Das ist nicht einmal bauernschlau, das ist einfach nur dämlich. Und die Leute, die auf euch eingestiegen sind und wahrscheinlich tatsächlich etwas bewirkt haben, werden als Knöchelchen feilgeboten. Die Heiligen werden als gebetsmühlenartige Beschwörungsformeln verkauft, denen man begegnen soll, damit der Schlüsselbund wiedergefunden wird, man einen halben Mantel geschenkt bekommt oder die Gräte aus dem Hals rutscht, oder irgend so einen Quatsch. Ihr habt zugelassen, dass die Leute, die wirklich etwas getan haben, auf Miniformat geschrumpft wurden. Und selbst ich habe mich berufen gefühlt. Dachte, okay, ich trete den Leidensweg an, aber ich tu noch was Gutes. Wenn ihr wirklich was wollt, dann setzt mal auf mich, ich werde eure Sache schon richtig vertreiben. Ich verspreche es euch, das wird was, habe ich behauptet.

Jetzt ist der Draht gerissen, diese Hoffnung, dass noch was kommt. Abraham zieht mit einer 76-jährigen Tusse durch die Gegend und kriegt zig Kinder versprochen. Und noch ein Land und wieder nix, und noch ein Land und wieder nix. Dann musste er auch noch mit Isaac und der Axt losziehen, bis endlich jemand daherkommt und sagt: Momentchen, das ist aber nicht so gemeint gewesen. Trotzdem danke für das Angebot, ich sehe nun, wie ernst du's meinst.

Ja, Herrgott, das ist doch nicht zu fassen. Ist das die Predigt, die gehalten werden soll? Ihr müsst nur hören, ihr müsst folgen, irgendwann klappt's dann schon? Das ist es nicht. Das kann es nicht sein. Man muss doch irgendwann sagen dürfen, ich geh nicht mehr weiter. Da mache ich nicht mit. Was ist denn mit demjenigen, der

## Verpisst euch, lasst mich allein, ich fliege gerade.

sich weigert, weiterzuziehen? Darf der gar nicht mehr positiv in unserem Denken auftauchen? Muss man den gleich verurteilen?

Heute hätte ich gern eine Flasche Whisky, um weiterzureden, bis ich vor Erschöpfung einschlafe. Und wenn die dann morgen kommen, sage ich einfach: Verpisst euch, geht weg, lasst mich allein, ich fliege gerade. Und vielleicht findet man an meinen Händen dann Wundmale. Alle wundern sich: Da scheint was passiert zu sein. Über Nacht wurde er ein ganz anderer Mensch.

Meine Güte, ist das lächerlich.

Wieso verachte ich das alles plötzlich so? Zum Hass fehlt mir die Kraft, aber Verachtung geht. Ich versteh das alles nicht. Obwohl, das stimmt nicht, ich versteh ja sehr wohl.

Man hat mich auf eine falsche Fährte geschickt. Ob das Gott war, sei dahingestellt. Wahrscheinlich nicht. Aber dass so viel Mist gedacht werden darf über die Religion, über die Kirche, über das Christentum, ist ein zentraler Fehler von Gott und von Jesus, das ist deren Armutszeugnis. Das ist kein Begriff von Freiheit, zu sagen: Ja, die Welt muss selbst entscheiden, wir halten uns da raus.

Ihr habt eine gute Idee gehabt. Okay. Aber ich kann doch jetzt nicht losziehen, den Ratzinger anrufen oder was weiß ich wen, und sagen: Herr, erbarme dich meiner! Können Sie nicht auch noch eine Kerze anzünden? Und der antwortet: Gottes Wille geschehe. Das ist doch die beschissenste Vertriebsanlage, die man sich vorstellen kann. Gott und Jesus haben einfach alles erlaubt. Sie haben gesagt: Die Erde soll sich wer auch immer untertan machen. Sie ist sowieso verloren.

Das kann es doch nicht sein. Man muss doch irgendwie dafür sorgen, dass all das alberne Geschwafel über Gott, Jesus und noch ein paar Damen aufhört. Damit wir begreifen lernen, dass es im Kern um eine Beziehung zum Leben geht, die auch den Tod integriert, die auch das Scheitern mit einbezieht, die nicht nur von Schönheit und Erfolg ausgeht, sondern auch mit Hässlichkeit und Misserfolg rechnen lernt. Dass man sich dem Zöllner und der Hure näher fühlen sollte als dem Pharisäer.

Aber durch das ganze rote Zeug, durch diese Kostüme, durch dieses Geschwafel, durch diese Psalmen und ich weiß nicht was, ist das Ohr nicht nur beleidigt, es ist regelrecht zugeklebt. Wäre es nur beleidigt, könnte es ja noch zurückkeifen. Aber das kann man ja gar nicht mehr.

Lieber Gott, ich würde so gerne sagen, dass ich auf dich

und deine Leute scheiße. Aber das schaffe ich nicht. Noch nicht. Kann nur sagen, lasst mich einfach in Frieden. Bin eh zu nix fähig. Ist schon alles ganz richtig so. Ich bin wahrscheinlich schon tot. Ich habe es nur noch nicht gemerkt. Deshalb die Scheiße jetzt. Na ja … Gute Nacht.

DONNERSTAG, 24. JANUAR

Die Wut von gestern ist heute fast schon wieder verflogen. Als ich beim MRT in dieser Kugel lag und die Ärzte so komisch waren, wollte ich nur noch raus aus der Nummer und dachte, ich müsse jetzt meine Absage an Gott und Jesus formulieren. Hatte die totale Panik, im Gehirn seien schon Metastasen. Das ist aber nicht so, die Ärzte haben nichts gefunden.
Natürlich ist mir Jesus mit seiner komischen Leidensnummer nahe. Er hat es geschafft, so viele Gedanken in Gang zu setzen wie kein anderer Mensch. Das heißt, er hat Leiden produktiv gemacht. Und das ist toll. Mein Kampf richtet sich gar nicht gegen Gott oder gegen Jesus, aber ich möchte sagen können: Leute, ich danke schön. Ich bin mit euch weiter verbunden. Das geht gar nicht anders. Aber ich knie nicht mehr nieder, ich sing kein Halleluja mehr oder sonst was, wir singen auch keinen Chor. Kümmert euch mal um die andere Scheiße. Kümmert euch mal um euer Vertriebssystem und eure Werbestrategie. Damit könnt ihr nicht zufrieden sein. Das kann ich mir nicht vorstellen. Macht mal da irgendwas. Das ist wichtiger. Lasst mich jetzt einfach in Ruhe.

Die Bronchioskopie heute war okay. Ich wurde liebevoll begrüßt und bekam sofort eine sanfte Vollnarkose. Warm wurde es mir, und weg war ich. In der Aufwachphase habe ich dann etwas sehr Schönes erlebt. Da stand eine Mutter an einem Kinderbettchen gegenüber. Im Dämmerzustand habe ich sie gebeten, sie solle doch mal zu mir kommen. Ich habe sie gefragt: Was hat Ihr Kind? Was ist mit Ihrem Kind? Sie sagte, das rollt immer so komisch auf den Fußballen ab, das läuft immer nur ganz vorne auf den Zehenspitzen. Wissen Sie, warum Ihr Kind das tut?, sagte ich. Weil Ihr Kind einfach besonders intelligent ist. Ihr Kind ist einfach ein hochintelligentes Wesen, ein Autist. Das sind die, die auf Zehenspitzen durch die Welt laufen. Die haben so viel zu denken, dass sie auf dieser Erde nur ganz vorsichtig gehen können. Und das ist bei Ihrem Kind so. Ihr Kind ist ein Genie, habe ich im Halbschlaf gemurmelt. Und die Mutter hat mich angestrahlt, war wahnsinnig glücklich in dem Moment und hat auch ihr Kind so schön angelächelt, als hätte sie es neu begriffen. Und als ich weggefahren wurde, hat sie mir zugelächelt. Das war wunderschön.

Ich glaube, mir wird langsam klar, dass jetzt wirklich ein neues Leben beginnt, und dass es da auch schöne Momente geben wird. Wenn ich nach der OP wieder aufwache, dann beginnt eben ein anderes Leben. Leben heißt dann, jeder Tag ist ein neuer Tag. Das ist dann der Tag. Und dann kommt der nächste. Und danach kommt der nächste. Diese unbedarfte, unbeschwerte Freude, die man früher hatte, die ist natürlich weg. Die kommt wahrscheinlich auch nicht wieder. Und trotzdem gibt es Momente, bei denen man sich freut. Das kleine, triviale Mettbrötchen, das ich mir zurzeit nicht selbst holen kann, ist mir gerade tausend Mal wichtiger als irgendeine Achterbahnfahrt auf irgendeiner Bühne. Dann gibt's eben demnächst nur Mettbrötchen oder so was. Das ist die Zukunft. Die Freude am Kleinen. Mit Aino habe ich sogar schon angefangen, ein bisschen zu planen. Wenn ich wieder zu Hause bin, dann lade ich zum Beispiel alle meine behinderten Freunde ein, und wir kochen gemeinsam. Wir machen uns dann eine richtig schöne Zeit, erleben kleine Sachen und freuen uns, dass wir sie erleben. Das ist eigentlich die Hauptsache: das Große im Kleinen.

Und ich glaube auch, dass ich noch ganz viel erzählen, lesen und denken kann. Das ist wichtig. In der Biografie von Joseph Beuys, die ich gerade lese, steht der Satz: »Alles, was nicht gebraucht wird, leidet. Alles, was statisch ist, leidet.« Das heißt, wenn ich noch denke, wenn ich noch aktiv bin, dann leide ich nicht. Selbst wenn man mich ans Kreuz nagelt, kann ich noch etwas denken, dann leide ich auch noch nicht. Und wenn ich über die Ausrangierten, die Weggesperrten nachdenke, dann leiden vielleicht auch sie nicht mehr. Das ist das Grundprinzip: Solange ich über mich und andere nachdenke, leide ich nicht. Und umgekehrt: Solange man über mich nachdenkt, leide ich nicht. Wenn man mich aber abstempelt und sagt, na ja, der liegt da rum, der ist bemitleidenswert, bin ich ein Stück Stein. Wer's gar nicht schafft, wird Stein, so ist es, glaube ich, im Buddhismus. Aber wenn man ernsthaft anfängt, über diese Statik in der Welt nachzudenken, dann wird das Leiden produktiv, dann wird das Leiden durch meine Gedanken aktiv. Ich habe nur schreckliche Angst vor dem Moment, wo das alles aufhört: Irgendwann gehen die Gedanken ja weg, das ist Leid.

Ich möchte so lange wie möglich denken dürfen. Muss ich halt lernen, auf dem Sofa zu liegen und nichts anderes zu tun, als Gedanken zu denken.

**Muss ich halt lernen, auf dem Sofa zu liegen und nichts anderes zu tun, als Gedanken zu denken.**

Vielleicht ist diese Krankheit ja sogar eine Belohnung. Jetzt kann ich endlich einmal Nein sagen lernen. Wenn irgendwelche Leute mir mal wieder erklären wollen, was ich jetzt tun soll, was jetzt wichtig ist, dann sage ich einfach: Tut mir leid, ich kann jetzt nicht. Ich muss denken. Auch wenn ich selbst wieder in so einen hektischen Kaffeeklatsch rutsche und rumrasen will, unter dem Motto, da müssen wir jetzt aber loslegen, und hier noch und da noch – dann sage ich mir einfach: Hör auf, sei still, es geht nicht, ich muss jetzt denken.

Das ist die Chance, die ich jetzt bekomme. Okay, ich hätte sie lieber mit sechzig oder mit siebzig, aber eigentlich ist jeder Zeitpunkt erst einmal scheiße. Das ist ja bei jedem Menschen so. Ist ja egal wann. Mit siebzig sagt man: Warum denn mit siebzig? Ich hätte doch noch zehn Jahre wandern können oder was weiß ich. Aber wann es auch immer passiert: Wenn es passiert, muss man den Punkt erwischen, einfach zu sagen: Ich will jetzt nicht. Ich kann jetzt nicht. Ich denke heute. Und dadurch ist man weg von der Bildfläche, raus aus diesem komischen Zwangssystem. Die Leute glauben vielleicht: O Gott, der Arme, wahrscheinlich denkt er über seine Krankheit oder über seinen Tod nach, wie schrecklich. Aber das ist es nicht.

Ich habe noch vieles zu denken, weil sich ja der Blick auf die Welt und auf die Menschen verändert, weil es jetzt so viele neue Perspektiven gibt.

Ich will mir natürlich nicht Nase und Ohren zustopfen und selbstgenügsam rumliegen mit dem Gefühl, ich habe der Welt jetzt etwas Wichtiges zu erzählen. Man muss nicht unbedingt etwas Außergewöhnliches erleben, am Abgrund stehen oder gegen Krebs kämpfen wie ich, um etwas Sinnvolles zu sagen zu haben, das meine ich gar nicht. Jeder kann in jedem Moment seines Lebens etwas Großartiges zur Welt sagen. Aber wenn man so komplett auf sich zurückgeworfen ist, wenn man sich natürlich doch fragt, wieso ausgerechnet ich und wieso ausgerechnet so – in diesen Momenten der Unfreiheit erfährt man gleichzeitig die Freiheit, Neues denken zu können, auch neuen Unsinn denken zu dürfen. Das ist ein großer Gewinn.

Auch diese Idee mit Afrika sehe ich heute produktiver. Es geht nicht ums Abhauen, es geht nicht ums Aufgeben. Natürlich werde ich vor der OP eine Patientenverfügung machen, ich will im Fall der Fälle nicht drei Wochen, vier Wochen im Wachkoma rumhängen, hier noch ein Schlauch und da noch ein Monitor und irgendwann war's das dann. Das will ich nicht. Das will doch niemand.

Aber im Kern glaube ich, dass ich das Leiden aushalten muss, dass das Sterben Bestandteil dieses Lebens ist und dass das seinen Sinn hat. Das kann man nicht einfach abschaffen, indem man sich irgendeine Spritze geben lässt. Ich will mein Sterben aushalten. Sicher bin ich feige, habe Angst vor den Schmerzen und merke auch, dass ich da in meinem christlichen Glauben noch einige Diskussionen führen muss. Aber ich will mich nicht in der Schweiz einschläfern lassen, an irgendeiner Raststätte oder in einem Hotelzimmer – das ist ja grauenhaft, das hat doch mit Freiheit nix zu tun. Wenn, dann mache ich das da unten in Afrika, und das Einschlafen ist aber ein Akt von Arbeit, Schmerzen, Produktivität, Leiden, Erzählen.

Ich finde, das muss ich mir erlauben dürfen. Irgendwann möchte ich sagen dürfen: Ich gehe jetzt den Schritt in den Tod, in diese andere Welt oder in das Universum. Ich mache hier nicht die Nummer mit, dass sich alles um meine Krankheit dreht, dass ich bis zum Ende von Intensivmediziner zu Intensivmediziner gereicht werde, im Sinne von Vollnarkose voraus oder so etwas.

Da werde ich Aino und meine Freunde inständig drum bitten: Wenn es in den Krankenakten einsehbar ist, nach Gesprächen mit den Ärzten, nach der dritten Chemo oder was weiß ich, was noch für Punkte auftauchen im Register, soll man mir die Möglichkeit verschaffen, wegzugehen. Die meisten Leute wollen nach Hause, ich will eben weggehen. Und zwar möglichst an einen Ort in Afrika. Und ich erhoffe mir, mich dort als Person in ihrer ganzen Absurdität irgendwie zusammenführen zu können. Als Bild stelle ich mir eine Art Auffanggefäß vor. Eine Arche, meinte Alexander Kluge am Telefon: Alles, was wichtig ist, wird gesammelt und in einem Kasten zusammengeführt. Das ist eigentlich trivial, wirkt vielleicht auch lächerlich und anmaßend. Aber ich glaube, der Gedanke, sich am Ende irgendwie zu sammeln, zusammenzusammeln, bedeutet etwas sehr Schönes.

Deswegen muss ich vielleicht zu dem Urgedanken zurück, den ich ja schon vor einem Jahr hatte: Ich baue ein Opernhaus in Afrika. Und diese Oper, die ich baue, bekommt eine Krankenstation, eine kleine Schule, eine Herberge, eine Kirche und Probebühnen. Aino schlug noch vor, dass es dort ein Sumpfgebiet geben sollte. Aber im Kern wird da ein Opernhaus als Arche gebaut.

Die Oper, die aufgeführt wird, muss noch komponiert werden. Da konnte ich gestern nach dem MRT zum ersten Mal wieder lachen, als ich mit Aino darüber nachgedacht habe, was wir dort aufführen. Ich sagte, dann muss eben noch etwas komponiert werden. Wer weiß, vielleicht summen oder pfeifen wir ja alle einfach irgendetwas ins Mikrofon. Und dann schlug Aino vor, dass die Oper »Bösartig« heißen sollte. Das fand ich super. Mir fiel dann noch der passende Untertitel ein: »Wir pfeifen alle aus dem letzten Loch«. Und am Ende steht nur noch Horst mit der Mundharmonika auf der Bühne, und Kerstin, die immer ihren Arm heben und auf ihre Rippe zeigen muss, wo ein Loch gemacht wurde, um zu punktieren, und seitdem pfeift es aus der Ecke. Und wenn dann alles vorbei ist, werden alle Instrumente im Sumpf versenkt.

Dieser Produktiv-Blödsinn ist einfach schön, ist einfach klasse. Es geht nicht um irgendein Sozialprojekt »Reis für Afrika«, es geht auch nicht um einen Transformationsprozess, bei dem jetzt endlich mal Erkenntnisse purzeln, wer in welchem Land was gelernt und wer was voneinander geklaut hat, sondern es ist wahrscheinlich alles viel einfacher. Es geht wirklich um den simplen Vorgang: Ich will ein Opernhaus bauen, mit Probebühnen, auf denen wir eine absurde Opernveranstaltung proben.

Und zu guter Letzt kommen wahrscheinlich wieder diese eindeutigen Gesellen, die immer alles auswringen und filtern, damit wir nachher wissen, wie, wo, warum und wieso. Die fragen sich dann: Was soll das? Das ist aber nicht schlüssig!

Da kann ich nur sagen: Das Leben ist nicht schlüssig. Das ist einfach mal ganz klar festzustellen. Da kann der Papst auf'm Vulkan tanzen: Das Leben wird nicht schlüssiger. Das ist ein unschlüssiges Leben hier, das genau aus dieser Unsicherheit seine Kraft bezieht. Und ich will, dass man das wahrnimmt: Es gibt genug Leute, die wissen, dass es für sie keinen schlüssigen Schluss geben kann. Gerade in Ländern, in denen es nicht so gut läuft wie bei uns. Es wird nicht so, wie sie es wollen. Daher werde ich immer versuchen, denjenigen zu untergraben, der kommt und sagt: Das ist aber nicht schlüssig, weil es ja soundso ist. Es ist nie so, wie es ist!

Ein Problem könnte daher sein, dass am Schluss keiner mehr Zeit hat und alle meine Freunde nach Hause müssen. Und ich sitze da immer noch in Afrika und habe eine Methode gefunden, die Krankheit zu besiegen. Das wäre natürlich auch komisch: Wenn die Sache sich verselbstständigt, sich mein Körper verselbstständigt und einfach nicht am Ziel ankommt. Ein Finale ohne Ende.

Ich wäre natürlich froh, wenn sich dieses Afrikaprojekt als der Weg entpuppen würde, der zum Sieg über die Krankheit führt. Ich wäre superfroh, wenn das klappen würde. Und es gäbe auch noch genug Zeit, dieses Projekt dann mit sechzig zu Ende zu führen oder noch später. Aber wann es auch immer so weit ist – ich glaube, es ist ein ganz, ganz wichtiger Schritt, irgendwann sagen zu dürfen: Leute, das geht so alles nicht mehr weiter, ich habe schon vier Schläuche im Arsch, hier noch ein letztes Interview im Krankenhaus, und da noch ein Grabspruch

– das geht so nicht, ich will diesen anderen Schritt. Den ermöglichen mir dann meine Freunde. Das ist jetzt erst einmal mein Traum.

Und wenn ich ein Kind hätte – das habe ich vor ein paar Tagen schon am Grab meines Vaters gedacht –, würde ich darauf bestehen, dass es nachher ein Grab gibt. Vielleicht ist so ein Grab ja auch ohne Kind wichtig. Für die Leute, die mir nahe sind. Nicht damit sie mich da verehren, sondern damit sie die Chance haben, mich am Grab zu beschimpfen. Damit es irgendwo einen Ort gibt, damit die Leute sagen können: Ich geh noch einmal zu dem Sausack und sage jetzt einfach Danke, oder ich sage, pass auf, ich habe noch ein Hühnchen mit dir zu rupfen. Das hat für mich an dem Grabstein meines Vaters besser funktioniert, als wenn ich mir hätte vorstellen müssen, er hätte sich in Luftmoleküle aufgeteilt.

Aber eins steht fest: Ich will nicht in das Grab meiner Eltern. Ist vielleicht komisch, aber wenn das schon mit dem Alleinsein auf der Welt nicht klappen sollte, dann will ich wenigstens im Tod alleine sein.

SAMSTAG, 26. JANUAR

So, jetzt ist Aino weg. Habe versucht, sie wegzuekeln, weil ich das alleine durchziehen muss. Kann keiner an der Scheiße hier teilnehmen, muss ich alleine machen. Ich will alleine sterben. Die soll zu ihren Proben gehen und sich dort einen anderen suchen. Ob ich mich vom Hochhaus stürze, mir in den Kopf schieße, in Afrika oder auf dem OP-Tisch lande, ist alleine meine Entscheidung. Da kann ich nicht an Aino oder an meine Mutter denken – ich will auf alle Fälle alleine entscheiden. Weil der Weg in die Freiheit nur bedeuten kann, dass man sich auf eigene Gesetze einlässt, die man natürlich nicht selbst macht, sondern die einem, in diesem Falle besonders, von anderen vorgeschrieben werden. Jetzt noch irgendwo eine Öffnung zu haben, wo man sagt, ich werde betreut, ich werde bemitleidet, ich habe noch jemanden, der Händchen hält und so weiter, das ist es nicht, das geht nicht. Bei dem Ding gibt's keinen romantischen Part. Ich werde nicht zulassen, dass Aino an dem Spiel teilnimmt. Ich bin doch eh ein Saukerl wie mein Vater, ein Weichei. Aber ich werde jetzt nicht wie er anfangen, alle mitzuziehen. Wie Aino sagt: Du hast doch so viel Leute, die sich um dich kümmern. Natürlich, ganze Armeen sind schon mobilisiert. Nee! Ich bin nicht mehr der, der ich bin. Bin nicht der, der ich war. Ich bin nicht der, der ich werden wollte. Alles Quatsch! Ich habe einfach in mir die Entscheidung getroffen: Ich bin alleine. Und ob Aino mich dann liebt oder nicht liebt, ob Claudia mich hauen will, Antje nicht beten kann oder was weiß ich, das ist alles nicht mehr mein Thema.

Das hat mir das Aufklärungsgespräch gestern mit Professor Kaiser klargemacht. Der war ganz sachlich: »Nach der OP, Ihr Herz, sehr schwach, muss ja die ganze Lunge beatmen, schafft es kaum, Afrika werden Sie nicht packen, können Sie sich abschminken. Die Hitze und dann Ihr Herz, nee!« Und dann noch der Hammer: »Wenn ich Ihre Stimmbänder sehe und da sind Knubbel dran, muss ich die rausmachen. Das verletzt natürlich diesen Stimmbandnerv, das ist klar. Kann auch sein, dass ich ihn ganz durchtrennen muss. Muss ja sauber sein da drin.«

Sag mal, wo sind wir denn? Das ist doch alles nicht zu fassen! Nee, ich bin innerlich tot. Ich lass mir nicht die halbe Lunge rausreißen, damit ich mal sehe, wie die Welt aussieht, wenn man mit halbem Atem durch die Gegend schlurft. Nee, das mach ich nicht. Und wieder auf die Liege. Und noch mal nachgucken. Das ist doch alles nicht zu fassen! Ist doch alles nicht zu fassen!

Ich zieh mich zurück, ich bitte meine Leute, im Büro alleine weiterzumachen, eigene Entscheidungen zu treffen, vielleicht noch einen Kurzbericht zu schreiben. Aber alle anderen Beziehungen breche ich ab, alle. Aino muss auch raus aus dem Spiel – das breche ich ab. Ich ziehe mich zurück. Und wenn ich aufwache, weiß ich, dass da keiner ist, der irgendwelche Säfte absaugt oder Kraft geben will oder sonst etwas. Weil dieses Kraftspielchen spielt man nicht mehr. Das Kraftspielchen ist einfach zu Ende.

Ich werde die Entscheidung treffen müssen, ob ich mir in den Kopf schieße, habe aber keine Pistole; ob ich in die Badewanne steige und mir einfach die Adern aufmache; oder ob ich irgendwie aus dem Fenster falle, dazu ist es hier aber nicht hoch genug. Oder ob ich hoffentlich Tabletten kriege und irgendwas anderes: Denn der Lebenswille, den ich die ganze Zeit geheuchelt habe, dieses Gefühl von, ja, der Christoph, der hat Kraft, der macht's – das ist vorbei. Ich bin müde. Ich bin fertig. Ich bin schon lange müde. Ich habe genug gestrampelt. Ich habe genug gemacht. Und ich finde das jetzt auch nicht pathetisch oder sonst was, ist einfach ein Realismus, der einbricht. Allein die Vorstellung, dass ich da etwas Fressendes in mir habe, das sich da irgendwo reinschleicht und mich in die Ecke eines gehandicapten, atemlosen Überlebenskämpfers oder so zwängt, nee! Das geht nicht. Ich gehe dahin, wo Schmerzen noch erlaubt sind, wo Schmerzen nicht sofort im System erkennbar sind. An anderen Orten kann man besser Schmerzen haben.

Irgendwie ist es vorbei. Ich starre in den Kamin, und der ist leer. Ich habe auch keine Lust mehr, ihn anzuzünden, nicht mal mehr die Lust, irgendwas zu sehen, was verbrennt. Es gibt keine Blumen, die ich unbedingt noch haben will, noch nicht mal verwelkte Blumen. Es gibt nur diesen unverständlichen Unmut auf den Vater und auch auf die Mutter. Ich will meine Eltern nicht. Ich will nicht! Papa ist schon weg, Mama soll auch noch weg. Die kann ihre Schokodickmänner mitnehmen. Da kann sie den ganzen Tag Schokolade fressen. Die kann auch ihr Haus mitnehmen und ihre ganze Kirchenscheiße. Was ist denn das für eine Familie? Was ist denn da los? Was soll das? Diese Trauer- und Ohnmachtsexistenz meines Vaters, diese permanente Depression der letzten zehn Jahre, werde ich ihm niemals verzeihen. Ja gut, das Auge – das will keiner erleben, wenn die Augen erblinden. Aber ich gebe noch einen drauf: Ich erblinde nicht, sondern ich zerfresse mir die Seele.

Der Schleim der Väter legt sich auf die Lungen. Frisst sich rein und halbiert den Atem. Heute konnte ich zum ersten Mal wieder durchatmen, als ich meiner Mutter am Telefon gesagt habe, wie sehr ich gegen meinen Vater kämpfe. Als ziehe er mir ständig an den Armen, den Beinen und an der Seele, damit ich ihm folge. Das empfinde ich als terroristisch, aber er war kein Terrorist, er war manchmal ein Tyrann, ein wehleidiges, von der Depression zerfressenes altes Männlein, das uns alle auf Trab gehalten hat. Papa hier und Papa da, Papa fährt Rollstuhl, Papa muss PSA-Wert, Papa wird blind und hat 'ne Erscheinung. Was für ein Horror! Wie viel Kraft das gekostet hat, weil man seine Eltern doch auch mal in Freude sehen wollte, aber nix da: Nur hoffnungslose Trauerscheiße war das.

Und dann noch Mama mit ihren Nummern, hier ein Sturz, da vom Stuhl gefallen, wehleidig und immer schön nach dem Kind geschaut: Bist du auch richtig gekämmt, hast du auch die Hose an? Und die andere Seite der Familie: Noch mehr Beten und Kirche geht ja kaum. Manischer Glauben, Angstmaschinen. Und auch da nur Warnungen und Krankenangst …

Ich hab's so satt! Ich habe diese kleinbürgerliche Mischpoche so satt! Die sollen ihre Trauer für sich behalten.

Ihre Depressionen nach innen kotzen. Ich will das nicht. Ich muss alleine sein. Ich muss irgendwie rummachen, bis ich nicht mehr kann. Und ich muss mich besaufen. Ich muss mich aus dem Fenster stürzen. Muss mein Geld verkloppen. Das wäre die wahre Antwort auf meinen Kern. Ich will keine Liebe oder Zuneigung mehr. Das Ende der Fahnenstange ist erreicht. Ich bin nicht bereit, das hier zu akzeptieren. Ist kein Selbstmitleid, wie Aino meint. Nein, ist es nicht! Ich bin schon lange tot. Und jetzt bin ich noch töter.

Krebsgeschwür wird entdeckt. Was nun? Patient weigert sich, will nicht operiert werden. Elektrischer Stuhl wird vorgezogen. Warum gibt's eigentlich keine Guillotine für zu Hause? Whisky-Pulle rein, Tabletten rein, Kopf rein – das Seil zu ziehen schafft man ja hoffentlich noch.

Ach, ich bin leer, ich bin tot, ich bin aus. Flamme aus. Vor-

**Gott ist nicht da. Es ist alles ganz tot. Es ist alles ganz kalt.**

her aber noch die große Erleuchtung. Jesus hat sich mir, Christoph Schlingensief, in der Kapelle gezeigt, indem er mich verstummen ließ, und plötzlich wurde alles warm. Ja, super, du Leidensbeauftragter! Das war ein schönes Erlebnis, kann ich nicht abstreiten. Hat mir was gebracht. Fand ich schön. Aber Jesus ist trotzdem nicht da. Und Gott ist auch nicht da. Und Mutter Maria ist auch nicht da. Es ist alles ganz kalt. Es ist keiner mehr da. Alles ist tot. Und es ist gut so, dass es so ist. Ich will wenigstens einmal ganz alleine sein. Ich habe das Recht dazu! Das Recht habe ich! Alleine sein …

Ich bin aggressiv, aber eigentlich bin ich tot. Heute Abend könnte ich wirklich mit einem Knüppel durch die Stadt laufen und alles kurz und klein schlagen. Ich bin so beleidigt, so dermaßen beleidigt und verletzt von diesem Ding. Mit 47 Jahren. Ist echt eine unglaubliche Beleidigung!

SONNTAG, 27. JANUAR

Wenn ich mir meinen Tod als Bild vorstelle, sehe ich mich
eigentlich immer auf der Bühne, während ich den eigenen Tod als Stück inszeniere: Einer sitzt in seinem Stuhl,
die Sterne sind zum Greifen nah, es zirpt, es ist heiß,
und er stirbt. Das ist alles, kein religiöses Brimborium, es
dauert eine Stunde oder zwei, das Publikum weiß nicht,
was das soll, viele machen sich schon vor dem Ende auf
den Weg nach Hause, und trotzdem: Das ist im Moment
für mich das schönste Bild überhaupt. Zurzeit habe ich
am meisten Angst davor, nicht im eigenen Bild sterben
zu dürfen, irgendwelchen Fremdbildern ausgeliefert zu
werden. Man will als Lebender eben immer noch Herr
der Situation bleiben und sagen: Die Musik läuft, solange
wie ich will, und wenn sie ausgeht, bin ich tot. Dann habe
ich einen schönen Tod gehabt, und das war's dann.
Wobei diese Vorstellung vom Sterben durch den Tod
meines Vaters gehörig ins Wanken gekommen ist. Mein
Vater kam irgendwann vom Klo und sagte: »Ich sterbe
jetzt.« Das war super, klappte aber nicht: Gestorben ist
er erst vier Wochen später. Er hat nach der Musik, nach
dem Abspann des Films einfach noch weitergeatmet, er
war einfach noch vier Wochen länger da. Da habe ich

kapieren müssen, dass das Sterben anders funktioniert, ohne großen Schlussakkord. Und trotzdem ist er glücklich gestorben, das muss ich echt sagen.

Gestern ging ja gar nix mehr. Da war ich schon nicht mehr da, da war ich auf der Flucht. Ist wahrscheinlich blöd, aber ich fühle mich von diesem Ding in meinem Körper gerade extrem beleidigt und massiv bedroht. Aber vielleicht komme ich ja wieder in eine gute Phase. Neben allem Weinen hatte ich zum Beispiel am Donnerstag eine gute Phase, habe philosophiert, rumgequatscht und die Welt erklärt. Irgendwie kam ich mir berufen vor, wollte neue Gedanken denken und neue Erlebnisse wagen. Und am Freitag fand dann dieses Hardcore-Gespräch mit Professor Kaiser statt, da kam der Holzhammer: »Sie können rumspinnen, wie Sie wollen – das wird alles nix«, sagte er. »Afrika geht nicht, Sprechen geht vielleicht auch nicht mehr so gut.«

Dieses Gefühl, so radikal meiner Freiheit beraubt zu sein, habe ich noch nie gespürt. Ich habe immer die Freiheit gehabt, die Welt zu zitieren, über die Welt zu weinen, sie lächerlich zu machen oder auch einfach nur langweilig zu finden. Und ich habe diese Freiheiten ja auch genutzt bis zum Abwinken. Jetzt geht das eben nicht mehr, und das macht Angst.

Vor allem habe ich Angst vor dem Moment, wenn ich nach der OP aufwache und alle um mich herumstehen und gucken. Wahrscheinlich ist mir dann alles scheißegal, weil es nur darum geht, Luft zu schnappen und irgendwie über die nächste Runde zu kommen. Aber ich frage mich, was das für ein Blick sein wird, wenn die Leute einen dann anstarren. Da werde ich in deren Blicken die Wahrheit sehen, die Wahrheit, dass der selbstherrliche, unsterbliche Typ da reduziert ist auf das, was kurz vor Asche ist. Und das macht mir Angst, weil ich diesen Einbruch des Realen ja noch nie erlebt habe, weil es ja keine Fiktion mehr ist, kein Schauspiel, bei dem ich den Zuschauern einen Herzinfarkt vorspiele.

Ich muss da jemanden finden, der mich in dieser Angst begleitet, weil ich glaube, dass ich das alleine nicht schaffe. Vielleicht helfen mir auch diese komischen Texte von Joseph Beuys. Ich lese gerade ein Buch mit Interviews. Dort sagt er zum Beispiel, für ihn gebe es keine Krankheit, es sei alles in einem Prozess. Vielleicht schaffe ich es ja irgendwann, in dieser Dimension zu denken. Aber ich finde es auch normal, dass mich der Pessimismus schüttelt und mir sagen will: Hey, du weißt aber schon, dass es da in einem halben Jahr wieder einen Knubbel gibt, dass da noch einmal ein Messer ranmuss oder noch einmal eine Chemo kommt? Du weißt

## Hier spricht Dr. Tumor!

schon, dass das ein komplett neuer Lebenshaushalt wird, nicht wahr? Meine Angst ist ja, dass ich da demnächst nur noch als Hutzelmännchen am Stock rumhüpfe. Bis jetzt war alles irgendwie möglich. Jetzt nicht mehr.

Aber es gibt ja keine andere Chance. Das mit der OP ist richtig. Raus damit! Dann kommt die nächste Welle, und dann lernen wir surfen oder was weiß ich was. Wenn ich aufwache, dann dreht sich die Welt andersherum. Dafür werde ich schon sorgen. Und denken kann ich ja dann auch noch, Gesprächspartner gibt's genug, und Gedanken gibt's sowieso genug. Vor allem gilt es jetzt, die Gedanken zu schärfen.

Ja genau! Hier spricht Dr. Tumor! Wenn ich jetzt Jonathan Meese wäre, hätte ich wahrscheinlich schon 280 000-Quadratmeter-Räume mit Dr.-Erzgott-Tumorkaiser-Pneumosoundso gemalt. Das wäre alles schon verarbeitet. Heute habe ich irgendwo gelesen, dass es ein neues Buch von Rüdiger Safranski gibt, ein Buch über die Romantik, in dem es auch um die Romantiker der Gegenwart geht. Die würden thematisch wichtige Positionen der Romantik verkörpern, aber hätten sie nicht wirklich erlebt. So würde ich es mal vereinfacht wiedergeben. Und weil er Meese und mich als Beispiel genannt hat, habe ich mir überlegt, dass ich Safranski in ein paar Wochen schreibe und ihm berichten werde: Meine Form von Romantik ist so was von authentisch geworden, da können Sie aber nur von träumen. Da schreib ich Ihnen einen Aufsatz drüber.

MONTAG, 28. JANUAR

Morgen früh werde ich also operiert. Ich habe gerade
Full House hier, wir halten eine kleine Versammlung ab,
bevor ich unters Messer muss. Aino ist da, die Claudia,
der Carl und die Meika.
Professor Kaiser war auch schon da. Ich hatte mit ihm ja
so ein schreckliches, unpersönliches Gespräch. Ging nur
um Messer hier, Messer da. Da fragt man sich: Will er
mich operieren oder will er mich schlachten? Daraufhin
habe ich beschlossen, ich geh nach Hause und schieß
mir eine Kugel in den Kopf. Da habe ich aber keine Pistole gefunden. Und dann wollte ich vom Tisch springen,
aber der war zu niedrig. Und dann habe ich beschlossen,
ich geh nach Afrika und verschwinde. Das ging dann
auch nicht.
Stattdessen habe ich mir das Telefonbuch geschnappt
und die Privatnummer vom Kaiser rausgesucht. Habe ihn
gleich erwischt und gesagt: »Hallo, hier ist Schlingensief. Ich muss Sie noch einmal sprechen, weil ich nach
unserem Gespräch so Schiss bekommen habe. Ich habe
mich ja für Sie entschieden, aber ich verstehe gerade die
Welt nicht mehr. Ich müsste vor der OP unbedingt noch
einmal mit Ihnen reden.«

Und eine Stunde später war er da, hat mich hier im Krankenhaus in seinem Büro empfangen und wir haben ein wirklich gutes Gespräch geführt. Da ist wohl vorher in der Kommunikation zwischen den Ärzten ein bisschen was schiefgelaufen. Deswegen war er so kurz angebunden letzten Freitag, dachte, er könnte das alles kurz abhaken. Man ist da sicher auch zu empfindlich, ist ja klar. Deswegen hatte ich versucht, mir einzureden, dass diese Chirurgen eben Profis sind, dass ich den Mechaniker in meiner Autowerkstatt ja auch nicht sympathisch finden muss. Aber das hat nicht richtig funktioniert. Mein Körper ist halt kein Auto, und man braucht irgendeinen Draht zu dem, der da drin rumschneidet.

Jedenfalls haben wir echt gut gesprochen. Er hat mir versichert, dass er alles tun wird, um so viel wie möglich von der Lunge zu retten, und mir versprochen, den Stimmbandnerv nicht zu zerstören. Er werde alles genau abwägen, aber ich müsse nachher, gleichsam als Gegenleistung, machen, was er will: »Wenn ich das will, stehen Sie einfach auf, Schmerzmittel gibt's genug«, sagte er. »Daher müssen Sie die Tage nach der OP volle Kanne mitmachen, das wird kein Spaziergang, aber wir brauchen wirklich alle Ihre Kraft und Ihren Willen. Dann werden wir das auch schaukeln. Wir holen Ihnen jetzt die Scheiße da raus, dann drei Wochen Arbeit und dann gehen Sie nach Hause.«

Diese klare Ansage tat gut: Ich mache das jetzt. Das ist jetzt einfach ein Selbstversuch. In Wirklichkeit habe ich gar keinen Tumor, ich sage einfach, ich will mal was ausprobieren. Das hat's noch nicht gegeben. Und darüber schreibe ich dann ein Theaterstück, das garantiert ein Flop wird.

Na ja, jedenfalls war der Kaiser heute Abend noch einmal da. Es sieht wohl so aus, dass links ein bisschen in die Brustwand reingewachsen ist, das kann aber auch durch die Punktion gekommen sein. Kann er aber erst entscheiden, wenn er da reinguckt. Wenn es so wäre, wäre es auch kein Problem. Dann kommt da ein kleines Stückchen von der Brustwand raus und dafür krieg ich da Goretex eingesetzt. Das finde ich extrem schick. Das hat auch nicht jeder: Wenn man mal in den Regen kommt, dann bleibt die Stelle einfach trocken. Die Farbauswahl ist der einzige Streitfaktor hier. Wahrscheinlich werde ich deshalb die Operation morgen doch noch absagen, denn die wollen mir Ocker einnähen, ich will aber Silber haben. Es soll silbern glänzen, wenn ich die Arme hebe und Aino nachschaut, ob ich da Pickel habe oder was auch immer. Man kann aber auch gut beichten damit. Dann knie ich nieder und beichte in dieses Stück Goretex rein. Das geht dann direkt in meinen leeren Lungenkörper und wird einfach in Energie umgewandelt.

Nicht dass jemand denkt, ich stehe schon unter Drogen. Ich habe nur zwei Hähnchenschenkel gegessen. Die haben wahrscheinlich so viele Hormone, dass ich deshalb schon ein bisschen high bin. Es ist natürlich vor allem Galgenhumor. Aber besser Galgenhumor als diese Depressivität, die mein Vater mit seiner zunehmenden Erblindung entwickelte. Deshalb kämpfe ich ja auch gerade so sehr mit meinem Vater. Weil ich nicht so abrutschen will wie er, weil ich nicht sagen will, ist doch eh alles egal. Für diesen Pessimismus, für diesen schwarzen Schleim, den er da über uns ergossen hat, mag ich meinen Vater nicht mehr. Ich sage es ihm auch immer wieder: Papa, streng dich an! Ich habe dich sehr viel bemitleidet, aber ich habe versucht, dir Kräfte zu geben, die ich dir gar nicht geben konnte. Wenn du noch irgendwie Kontakt halten willst, ich dir noch irgendetwas bedeute, dann musst du jetzt was tun. Natürlich nicht für meine Heilung sorgen, aber du musst alles dafür geben, damit ich mit diesem Fatalismus, mit diesem Dämon von dir, nix zu tun habe, damit ich Freude am Leben behalte.

Hat er noch nicht geschafft, mein Papa. Muss ich mich halt so lange an Beuys festhalten. Der hat natürlich auch viel Unsinn mit seiner Steiner-Schule verzapft, aber es gibt viele, viele gute Gedanken bei ihm. Zum Beispiel dieser Satz, dass es keine Krankheit gibt. Das ist ein schöner Satz. Denn wenn man von Krankheit spricht, ist das ja gleich so eine komische Auszeichnung, so etwas Besonderes. Dann geht's irgendwie um die Wurst, aber wenn man dann doch gesund sein sollte oder wieder gesund wird, dann ist man ja von vorne und von hinten ans Kreuz genagelt. Dann ist man halt doch nix Besonderes, dann wird einem die Auszeichnung wieder weggenommen, dann muss man wieder zurück in die Statik des Systems.

Da ist es doch besser zu sagen: Es gibt keine Krankheit. Ich will das als Zustand betrachten, als Zustand, der ein bisschen unerfreulich ist, weil ich blöde Schmerzen haben werde und ich mich nicht mehr so leicht kratzen kann. Aber es gibt keine Krankheit. Schluss! Ist einfach ein Unfall. So als wäre ich bei einem Ritterspiel in eine Lanze gerast. Aber das ist natürlich auch nur eine Hilfskonstruktion.

Na ja, dann atme ich jetzt noch mal mit beiden Lungenflügeln und lass mir da morgen den Dreck rausnehmen. Bis dann.

MITTWOCH, 30. JANUAR

So, da bin ich wieder. Die Operation fand gestern Morgen statt, hat vier oder fünf Stunden gedauert, ich weiß es nicht genau. Das Einschlafen war jedenfalls wunderbar. Supernette Leute, die sich um einen kümmern. Und dann schläfst du einfach ein. Merkst absolut nix. Es wird dir nur warm, ein bisschen flimmerig – und weg bist du. Beim Wachwerden habe ich wohl gemurmelt, Aino solle das Handy ausmachen und stattdessen einen Knopf ins Ohr tun, wir bräuchten Kontakt. Wir bräuchten eine Knopfverbindung, was aber keiner wissen dürfe. Eine der Krankenschwestern fragte mich später, ob meine Freundin Knopf hieße, weil ich im Halbschlaf immer wieder gefragt hätte, wo denn mein Knopf sei.

Im Laufe des Tages war ich dann zumindest bei halber Besinnung. Martin war da, Aino war da, und wohl noch viele andere Leute, die sehen wollten, wie es mir geht. Ich habe das alles nicht richtig mitgekriegt. Am Abend habe ich dann gemerkt, dass meine linke Brust so komisch hart ist, irgendwie merkwürdig. Im Arm habe ich einen Katheter mit ungefähr sechs Anschlüssen. Damit können sie zum Beispiel eine Kanüle bis kurz vor das Herz führen und gucken, ob da zu viel Wasser ist. Außerdem gibt es noch einen Schlauch im Rücken. An der Flüssigkeit, die da herausläuft, erkennt man, wie viel es blutet. Aber ich hatte wohl einen sehr geringen Blutverlust.

Überhaupt ist die Operation sensationell abgelaufen. Ich habe zwar Schmerzen am Rücken, wenn ich mich bewege. Ich kann auch nur schwer abhusten. Aber das ist normal. Von Professor Kaiser wurde ich darüber informiert, dass er ein Stück vom Zwerchfell wegnehmen musste, weil da auch Befall war. Und dass sie mir doch zwei Lungenlappen entfernen mussten. Die linke Lungenhälfte ist jetzt also weg. Gestern hatte ich das alles noch nicht richtig realisiert, war aber trotzdem stolz, dass die Sache stattgefunden hat. Ich war echt superstolz.

Aber als Aino gegangen war, verschwand langsam die Freude darüber, dass ich es geschafft hatte. Stattdessen kamen erneut die Bedenken, und ich musste mit meiner Wut und meiner Angst kämpfen, bekam auch richtig Panik, weil ich so komisch geatmet habe.

Und dann ist im Laufe der Nacht etwas ganz Merkwürdiges passiert. Ich habe plötzlich nebenan ein Kind schreien gehört. Ganz laut. Und ich habe gedacht, o Gott, das Kind stirbt, dem geht's auch so dreckig, das ist auch so traurig und verlassen und braucht Liebe. Ich habe gesagt, dann lasst doch das Kind leben und lasst mich sterben. Aber nicht pathetisch, sondern wirklich. Das war ganz ernsthaft dieses Gefühl.

Kaum hatte ich das ausgesprochen, schlug meine elektronische Superanlage Alarm, die alle Werte misst, Blutdruck, Puls und Sauerstoffgehalt. Und in dem Moment hab ich gedacht, oje, siehst du, irgendwas stimmt nicht, und jetzt stirbst du tatsächlich.

Aber ich will nicht sterben!, dachte ich dann und wurde panisch. Warum soll ich jetzt sterben? Maria, bitte, lieb mich doch, was ist denn los mit euch? Bitte, bitte, ich will leben, ich will noch ganz, ganz lange leben, ich hab noch ganz viel zu tun, ich will noch ganz, ganz viel auf der Erde tun. In dem Moment hörte das Kind auf zu schreien. O Gott, dachte ich, die haben mich beim Wort genommen, das Kind ist tot. So ein Mist, jetzt lebe ich und das Kind ist tot.

Mein Gerät war wieder leise. Ich habe dann einen Arzt gefragt, da war doch ein Kind, das geschrien hat, was ist mit ihm? Und der Mann hat geantwortet, ja, das hatte eine kleine Operation, es ist aber alles in Ordnung. Das war wahrscheinlich das Kind, das ich schon vor ein paar Tagen gesehen hatte, mit der Mutter, die so glücklich war über den

**Man kennt immer nur das Entweder-oder, nie das Alles-zusammen.**

Gedanken, dass ihr Kind hochintelligent ist, dass es nicht behindert ist, sondern einfach mit einem besonderen Gang über die Erde läuft.

Das Kind und ich, wir wollen beide nichts mehr als einfach leben. Das hört sich jetzt vielleicht zu pathetisch an, aber ich glaube, in dem Rhythmus dieser Geschichte liegt etwas, nämlich dass man plötzlich begreift, dass man immer nur das Entweder-oder kennt und nie das Alles-zusammen.

Als mir das klar wurde, habe ich einen tiefen Frieden gespürt. Vor der Operation war mein Verhältnis zu Gott, zu Jesus und Maria ja extrem gestört. Ich bin da reingegangen wie in einen Kampf, weil ich so wütend, so geladen war. Wollte, dass die mich in Ruhe lassen, und fühlte mich bevormundet. Und meinen Papa habe ich auch nur noch beschimpft, ihn verantwortlich gemacht für meine eigenen negativen Gedanken. Aber gestern Nacht konnte ich mich mit Jesus, Gott und Maria versöhnen und sagen: Liebt mich doch einfach ein bisschen, ich bitte darum. Auch mit meinem Vater konnte ich Frieden schließen, weil ich in diesem Moment akzeptieren konnte, dass er während seiner Krankheit nun mal keine Lebensfreude mehr entwickeln konnte. Eigentlich wollte auch er das Leben genießen, wollte viele kleine Sachen, die jeden Menschen glücklich machen würden, aber er wusste eben irgendwann nicht mehr, wie er das anstellen sollte, hat den richtigen Weg nicht gefunden, vielleicht auch, weil er so deformiert war von diesem christlichen Schuld- und Strafebrimborium.

Und so habe ich ihn zwar um etwas positives Denken gebeten, aber auch verstanden, dass es an mir liegt, ob das klappt oder nicht. Denn wie soll er mir positives Denken schicken, wenn ich in mir selbst das Positive nicht zulasse? Ich selbst habe nicht die Offenheit zum Positiven, verlange sie aber von meinem Vater, verlange von ihm, dass er Kraft gibt und sagt, Junge, es ist alles gut. Und wenn er das nicht macht, werde ich maßlos in Beleidigungen. In meinem Kern bin ich für diese Kraft gar nicht offen, weil ich permanent zu Widerstand aufgerufen habe, die Welt als etwas gesehen habe, wo man vor allem Widerstand leisten muss. Aber in Wahrheit kann man keinen Widerstand leisten, wenn da etwas ist, was keinen Widerstand braucht oder erzeugt.

Viele Leute denken wahrscheinlich, sie müssten in so einer Situation Kämpfe ausfechten und mit irgendwelchen Mächten über Leben und Tod verhandeln. Ich ja auch. Ich habe gekämpft, verhandelt, gebettelt und dabei vergessen, dass beide, das Kind und ich, leben wollen. Inzwischen bin ich aber sicher, dass es nicht darum geht, sich gegen Gott zu stellen oder mit Gott Spiele zu spielen. Vielleicht ist das ja das göttliche Prinzip in einem selbst, wenn man plötzlich begreift, dass man manchmal nichts tun kann, dass Widerstand falsch ist. Dass man zwar die Medizin einschalten und auch hoffen kann, wieder gesund zu werden, aber dass man sich eigentlich ergeben muss.

Man muss vor allem aufpassen, dass man nicht immer den anderen die Schuld gibt. Dazu gehört auch Gott. Es ist ja klar, dass manchmal Sachen passieren, bei denen man sich fragt, wie er das zulassen konnte, was daran sinnvoll sein soll. Natürlich ist alles sinnvoll. Aber nur, weil alles zusammengehört. Man ist eben nicht der Einzelkämpfer, der heroische Bergsteiger, der jetzt mal eben den Krebs bezwingt – das ist schon im Ansatz vermurkst. Es ist viel besser, sich klarzumachen, dass man mit den anderen verbunden ist. Das heißt natürlich nicht, dass man alle in den Tod ziehen muss, um zu sterben, oder dass man weiterleben kann, solange der andere lebt. Ich meine nur, ich muss aufhören, mich selbst als Einzelkämpfer zu sehen, der alleine durch die Gegend zieht und irgendwelche Schlachten gegen Gott und die Welt schlägt.

Meinen Frieden konnte ich gestern Nacht jedenfalls erst finden, als ich aufgehört hatte, die ganze Zeit zwischen dem kleinen Kind, das leben soll, und mir, der dann großzügigerweise nicht mehr leben will, zu differenzieren. Erst als ich verstanden hatte, dass wir beide leben wollen, dass wir irgendwie zusammengehören, konnte ich die Bitte äußern, mich fallen lassen zu können, sagen zu können, es geschehe. Das klingt pathetisch, aber es ist ein schöner Satz: Es geschehe. Let it be.

Trotzdem kam die Angst wieder. Immer wenn ich wach wurde, bin ich vor Schreck zusammengezuckt, weil ich dachte, etwas stimme mit meiner Atmung nicht. Da wollte ich in der Nacht noch einmal Aino anrufen, aber sie ging nicht dran, und ich wusste nicht, ob die Nummer stimmt, weil ich keine Brille hatte. Da kam dann Schwester Doris, die sehr nett, fast mütterlich war. Sie sagte, denken Sie sich blaue Wolken, Schafe, Landschaften, denken Sie sich solche Sachen, das hilft Ihnen. Die Leute sagen jetzt vielleicht, das ist doch alles Kitsch. Baby, Wolken, Schafe – alles Kitsch. Ist auch Kitsch, aber es ist auch was dran. Ich hätte mir das Bild mit den Wolken und Schafen nicht unbedingt selbst gewählt. Das ist auch nicht der Punkt. Der Punkt ist, dass die Schwester mir helfen wollte, als sie das gesagt hat. Das war Liebe: Ich helfe dir hier jetzt gerade mal, kleiner Mann, kleiner Christoph. Das war wunderschön.

Und irgendwann kam auch noch das Telefonat mit Aino zustande, habe bestimmt eine halbe Stunde mit ihr geredet, was hier auf der Intensivstation eigentlich nicht erlaubt ist, aber die lassen gerade vieles zu. Nach dem Telefonat war ich wieder ruhiger gestimmt. Außerdem habe ich noch eine Beruhigungstablette bekommen und geschlafen, bis es morgens wieder losging mit Untersuchungen, Mobilisierung etc. Geträumt habe ich gigantisches Zeugs: Ich würde die Bibel umschreiben und so etwas. Jetzt denkt man wahrscheinlich, ich sei völlig auf dem religiösen Trip gelandet. Aber das stimmt nicht, für mich geht es einfach um einen extremen Wendepunkt in meinem Denken. Und der tut weh, macht aber auch high, vielleicht auch ein wenig irre.

Ich kann das alles noch nicht begreifen. Andere Leute begreifen in so einer Situation sicher auch nicht, was los ist. Daran muss ich immer mehr denken: Wie viele Menschen sitzen wohl in ihren Wohnungen rum, haben vielleicht keinen Krebs, aber erleben andere Katastrophen und suchen verzweifelt nach Liebe? Die können auch nicht verstehen, warum die Frau oder der Mann abgehauen ist, oder warum ihr Kind auf der Straße überfahren wurde. Können auch nicht verstehen, warum sie da so etwas Komisches im Körper haben. Ich frage mich immer stärker, wer denn mit denen redet? Wer hat denn da Kontakt? Ich habe ja das Privileg, mit vielen, vielen Leuten reden zu können. Andere sitzen rum und haben niemanden. Die müssen die ganze Zeit im Internet surfen und irgendwelchen Schwachsinn lesen, den Betroffene und Pseudoärzte schreiben. Betroffene, die natürlich genauso hilflos sind. Deshalb sage ich jetzt »Schwachsinn«, meine das aber überhaupt nicht herablassend. Ich glaube, die schreiben aus Verzweiflung Schwachsinn. Die wollen berichten: Ich habe den Krebs besiegt. Mein Vater hat seit fünf Tagen Diagnose soundso, kann mir jemand helfen, weiß jemand ein Mittel oder einen Arzt?
Fürchterlich! Wenn man diese Betroffenenforen im Internet liest, wird einem ganz schlecht, da wird man sofort noch schlimmer krank. Und man merkt, was für eine Hilflosigkeit in diesem Gesundheitssystem steckt. Das muss mal laut und deutlich gesagt werden, was da für eine Hilflosigkeit, eine Unfähigkeit herrscht. Weil die Menschen nicht nur allein gelassen werden mit ihren

Ängsten, sondern auch statisch gemacht werden in ihrer Verzweiflung. Sie bekommen mitgeteilt, dass sie krank sind, und geraten dann in einen Prozess, der sie völlig entmündigt. Nicht die Krankheit ist das Leiden, sondern der Kranke leidet, weil er nicht fähig ist zu reagieren, weil er nicht die Möglichkeit hat, mitzumachen. Er ist dem System ausgeliefert, weil niemand in diesem System bereit ist, ernsthaft mit ihm zu sprechen. Klar: Diagnose, Prognose, Therapie, es wird beinhart aufgeklärt, aber wirklich miteinander gesprochen wird nicht. Dabei könnte man allein dadurch helfen, dass man mit den Menschen spricht, zu Gedanken animiert oder nach Ängsten und Wünschen fragt. Denn dann wäre der Kranke wieder am Prozess beteiligt, dann wäre er aus dieser Statik befreit, die einem die Krankheit aufzuzwingen versucht.

Und je nach Leidensstärke würde sich ein entsprechender Befreiungsschlag entwickeln. Man wäre plötzlich wieder Teil des Systems. Und wenn man das schafft, dann hat man zumindest das Leiden hinter sich – und vielleicht sogar den Krebs besiegt. Sagt jetzt hier der Krebsspezialist Schlingensief. Der natürlich bei einem Schnupfen sagt, kein Problem. Neuer Schnupfen, neues Glück.

Und nun ist es schon Mittwochabend. Ich bin sehr müde und schwach. Meine linke Brust ist vollgelaufen mit Körpersekret. Das Ganze schwabbelt und gluckst. Mein Herz darf die viereinhalb Liter Blut ja praktisch nur noch in eine Richtung transportieren, die andere Seite ist dicht gemacht. Das strengt an, aber die Ärzte meinen, mein Herz schafft das. Und alle möglichen Leute erklären mir, dass das hier ein toller Schritt in die Zukunft ist. Das kann ein Jahr dauern, es können auch fünf Jahre werden, auch zehn oder zwanzig, kann alles sein. Die Basis ist gelegt.

Aber es geht nicht darum, jetzt groß zu tönen, ihr werdet euch noch wundern, ich schaff das schon, egal wie. Es geht auch nicht darum zu sagen, ihr könnt mich alle mal, ich habe keine Lust mehr. Geht beides nicht, man muss irgendwie einen anderen Weg finden. Aber wie? Es ist eine sehr, sehr komische Situation, die die ganzen Kräfte, die zum Glück und Unglück führen, zu Freiheit und Unfreiheit, zu Liebe und Hass, irgendwo in sich birgt.

Tja, »irgendwie«, »irgendwo« – das sind auch so Worte, die ich eigentlich nicht ausstehen kann.

FREITAG, 1. FEBRUAR, TAGSÜBER

Inzwischen ist der dritte Tag nach der Operation, der mit
einer Nacht voller Scheißerei begann. Bin in die Analpha-
se eingetreten und habe reichlich ins Bett geschissen,
aber die Ärzte sind begeistert, weil das ein gutes Zeichen
ist: Wenn sich der Darm regt, ist Befreiung in Sicht.
Heute wollen sie auch meinen Blasenkatheter ziehen,
weil ich inzwischen schon ein paar Schritte gehen kann.
Mein Herz soll auch noch einmal untersucht werden, ob
es mit dem ganzen Kram klarkommt. Aber da bin ich
wirklich zuversichtlich, weil ich selbst beim Aufstehen
und Laufen keine Probleme habe. Die linke Seite tut zwar
immer wieder weh, aber nur da, wo die Wunde ist. Ich
denke, dass das irgendwann verschwinden wird. Auch
mein Sprechen ist noch etwas verlangsamt. Kann man
nichts machen. Ist erst mal so.
Als Aino gestern zu Besuch war, war die Stimmung ein
bisschen angespannt. Sie hatte so viele schöne Sachen eingekauft: Schokoladenpudding, Tiramisu und so. Aber es
war nichts dabei, was ich mochte. Da bekam ich schlechte
Laune und wurde ziemlich mürrisch. Schon ungerecht.
Sie war insgesamt zehn Stunden hier, das muss man sich
mal vorstellen. Zehn Stunden! Wenn es umgekehrt wäre,

würde ich doch nicht zehn Stunden hier rumsitzen. Ich hätte meinen Laptop aufgebaut, würde arbeiten, E-Mails schreiben und so, und wäre des Öfteren entschwunden. Aber meine Aino, die ist fast immer hier, kümmert sich um mich oder legt ihren Kopf auf meinen Schoß, und dann schlafen wir beide ein. Das ist sehr, sehr schön.

Gestern hatte ich sowieso den großen Schlaftag. Ich denke zurzeit über den gesamten Krebshaushalt nicht richtig nach, was natürlich guttut. Dass ich vielleicht noch Kleinigkeiten in mir habe, die da rumflirren könnten – man beachte, dass ich »vielleicht« sage –, steht nicht mehr so im Vordergrund. Erst mal steht im Vordergrund, dass ich da bin. Dass ich merke, wie die Schmerzen nachlassen und meine Mobilität immer besser wird. Dass ich mich um mich kümmere. Professor Kaiser meinte sogar, ich könne morgen wohl nach oben auf die Normalstation, wenn ich noch ein bisschen trainiere. Dann habe ich schon einmal einen wichtigen Schritt sehr erfolgreich hinter mich gebracht. Ich habe Riesenglück gehabt, dass es keine Nachblutungen gegeben hat. Und die Werte, Puls, Blutdruck etc., sind super. Die Blutsättigung ist auch super. Und mein Herz macht mit. Ich habe Kraft und schwadroniere, bin nur manchmal sehr müde. Aber auch das genieße ich gerade: Wenn ich müde bin, dann bin ich einfach müde, basta. Dann gibt's ein Nickerchen, und ich freue mich über die Entspannung.

Meine Träume sind schwer zu beurteilen. Merkwürdige Sachen, aber eigentlich alle positiv: Da steht plötzlich meine Jeans unter Strom, ich kriege sie nicht weg von dem Stromstecker, will sie wegreißen, das klappt aber nicht. Dann kommt Aino, die Jeans ist wieder frei, wir fahren mit einem Lkw rum, sie redet undeutliches

Zeug, ich fühle mich trotzdem wohl. Oder ich sehe einen Freund von mir, wie er Benefizveranstaltungen für ALS-Patienten organisiert. Er gibt sich große Mühe und vergleicht die Veranstaltung mit einer Weltkugel, wo die ALS-Patienten als Sterne eingezeichnet sind.

Ja, im Augenblick bin ich entspannt. Ich träume schön, es ist hell, die Sonne scheint, und ich bin immer noch saufroh, dass ich mich tatsächlich getraut habe, diese OP zu machen. Und die Kräfte werden wiederkommen, da bin ich mir sicher. Ich spüre ja schon, wie ich kräftiger werde. Die ganze Wundsituation ist natürlich da, die kann ich nicht ändern. Die Umstellung vom Herzen kann ich auch nicht ändern. Meine Angst vorm Husten ist auch noch immer da. Da könnte ich was dran ändern, versuche ich vielleicht nachher einmal. Aber, meine Güte, es ist erst der dritte Tag nach der Operation …

Als Aino gestern kurz ins Theater musste, kam eine alte Freundin zu Besuch, zu der ich immer noch einen tollen Draht habe. Wir haben viel geredet, über alles Mögliche, vor allem darüber, was der Begriff der Freiheit für den Einzelnen bedeutet. Darüber ist, finde ich, nicht genug nachgedacht worden, es geht immer nur um Freiheit in Bezug auf andere, ums Politische. Die Freiheit des Einzelnen besteht wahrscheinlich darin, über sich selbst nachdenken zu dürfen. Aber das fällt schwer, weil man dafür seine Höhle verlassen müsste. Das ist kaum möglich. Man kann nur schwer über sich nachdenken, weil man nicht aus sich raustreten kann. Man kommt irgendwie nicht auf Distanz. Vielleicht können das irgendwelche Yogis, Sektenheinis oder Meditationsgurus besser. Keine Ahnung, wäre auch nicht so mein Ding, glaube ich.

Aber man sollte wahrscheinlich gerade in einer solchen Situation nichts unversucht lassen, um einen Weg aus der eigenen Höhle zu finden.

Über diese Dinge haben Claudia und ich gesprochen. Und ab und zu kam die Traurigkeit wieder und ich musste weinen. Da hat sie mir einfach die Hand auf den Kopf gelegt. Und ich habe gespürt, wie gut mir solche Gesten der Wärme tun, wie schön es ist, einen Funken Liebe zu empfangen.

Zurzeit bekomme ich viele Funken Liebe geschenkt. Als ich einer anderen Freundin die Geschichte von mir und dem Kind erzählt habe, sagte sie: »Du hast so viel gegeben in deinem Leben, dass du jetzt auch mal was nehmen darfst, du hast es absolut verdient, dass man dich jetzt beschützt und versorgt.« Solche Sätze sind wahnsinnig schön. Und Aino liebt mich und ich liebe Aino. Das ist ein großes Glück. Zu merken, dass man geliebt wird, ist schön. Jemanden zu lieben, ist auch schön.

Aber was machen die Leute, die niemanden haben? Ich denke immer mehr, dass man auch einen Weg finden muss, sich selbst gernzuhaben. Aber wie liebt man sich selbst, ohne arrogant und schnöselig zu werden? Das finde ich schwierig. Hört sich so selbstverständlich an, man sollte sich selbst mögen – aber wie macht man das? Wie machen das die anderen?

Doch ich bin auf einem guten Weg, glaube ich. Ich merke zum Beispiel, dass ich nicht mehr nur aus kompletter Hilflosigkeit weine, sondern manchmal auch aus Stolz auf das, was ich in meinem Leben so alles gemacht habe. Auch wenn ich immer noch nicht weiß, an was für einer Plastik ich eigentlich gebaut habe und warum sie in ihrer Form nicht richtig sichtbar ist. Aber vielleicht geht es gar nicht so sehr darum, das herauszufinden, vielleicht ist es im Augenblick für mich wichtiger zu verstehen, warum ich mich in so vielen Punkten selbst nicht gemocht habe.

Ziemlich genau vor einem Jahr ist mein Papa gestorben. Das war schlimm, ich konnte kaum begreifen, dass er jetzt einfach weg ist, und war furchtbar traurig. Aber ich habe auch kapiert, dass ich an einem Defizit an Selbstliebe leide. Dass ich mich viel zu oft gehasst habe für das, was ich getan habe. Natürlich war es schwierig, dass ich die Geschichte meines Vaters, meine Frage, was mit der Geschichte von jemandem passiert, wenn er für immer verschwindet, meine Trauer über seinen Tod gleich schon wieder in meine Arbeit einbauen musste. Da ist vieles öffentlicher geworden, als ich es vorhatte. Dafür habe ich mich gehasst und dafür mag ich mich immer noch nicht. Aber ich kann es mir bis heute nicht erklären, warum ich Berlin Hals über Kopf verlassen musste, als mein Vater gestorben ist. Es gab einen wahnsinnigen inneren Zwang in mir zu sagen, ich muss hier weg. Und dann bin ich tatsächlich abgehauen, habe die Wohnung aufgelöst, alle haben mitgeholfen, es war der totale Horrortrip. Ich konnte auch keine Texte, keine Briefe mehr in Ich-Form schreiben. Ich hatte praktisch abgeschlossen mit diesem Christoph Schlingensief.

Wenn ich jetzt darüber nachdenke, frage ich mich natürlich: Was war denn das? Habe ich mich so wenig selbst gemocht, dass ich dachte, ohne meinen Vater bräuchte es mich nicht mehr zu geben? Zumindest nicht mehr den Christoph, der da seine Sachen macht? Habe ich geglaubt, dass mein Vater letzten Endes derjenige war, für den ich die Stellung gehalten habe? Damit der Vater mitbekommt, dass der Sohn lebt und dass der Sohn es so allmählich geschafft hat, dass er auf Reisen geht und langsam auch international bekannt wird? Tja, der Sohn hat sich tatsächlich immer sehr bemüht, das muss ich schon sagen. Der Sohn hat sich wirklich bis zur Selbstverleugnung bemüht. Er hat wirklich viel getan. Er ist zu Hause bei den Eltern mit seinen Erfolgsgeschichten rumgeturnt, hat den weißen Riesen gespielt, um die Wohnung hell zu kriegen, Leben in die Bude zu bringen, den Vater ein bisschen aus seiner Depression zu holen und bei der Mutter für gute Stimmung zu sorgen. Aber der Sohn hat völlig vergessen, sich dafür und für seine Arbeiten, von denen er da so überschwänglich erzählt hat, auch mal über den Kopf zu streicheln, hat ver-

## Warum habe ich mich nicht einfach mal gemocht?

gessen, sich zu loben und sich zu sagen: Das hast du gut gemacht, Alter. Stattdessen hat er sich gequält und die schlechten Kritiken gelesen: Tja, der Schlingensief … nix Neues mehr … provoziert nicht mehr … war früher besser … gehört nicht ins Museum … und so weiter.

Warum konnte ich mich und meine Sachen nicht einfach mögen, egal, was die anderen gesagt haben? Warum habe ich nicht einfach das Leben genossen? Warum habe ich es nicht als schön empfunden, dass so viele Gedanken zusammenkamen? Vor allem, dass ich so viel mit anderen Leuten zusammen gemacht habe, es war ja immer Teamarbeit. Meine Arbeit bestand doch darin, Behältnisse für Gedanken zu schaffen, Forschungslabore zu erzeugen, und nicht Krawalle oder Explosionen oder Stromschläge. Warum habe ich mich dafür nicht einfach mal gemocht? Für die Fähigkeit, Leute zusammenbringen, Gedanken zusammenbringen und zu mixen – das kann ich doch, und das ist mir doch wichtig. Ich glaube an die Macht des Gedankens. Ich glaube an die Macht des Gegengedankens. An die Freiheit des Gedankens. Aber ich habe mich nicht freuen können, mich nicht belohnen können, mich nicht streicheln und lieben können. Sich immer mal wieder zu sagen, Christoph, das war ein guter Tag, das hast du gut gemacht – das habe ich einfach vergessen. Und das ist schade. Das ist sehr, sehr schade.

Vor einer halben Stunde war Visite. Es wurde freundlich miteinander geredet, wie geht's und so. Eigentlich geht's mir ja heute glänzend. Habe heute Mittag viel gegessen, zum Nachtisch gab's Milchreis mit Zimt und Zucker, Apfelkompott dazu. Zum Frühstück gab es auch schon ein ganzes Brötchen mit Ei, Marmelade, zwei Tassen Kaffee. Zwischendurch habe ich eine Kiwi gegessen, ein Power-Müsli und einen Power-Joghurt mit Banane. Eigentlich habe ich ganz schön zugelangt. Und die Schmerzmittel werden auch immer weiter reduziert. Das hat der Anästhesist ja schon am Tag nach der OP gesagt, dass er nicht verstehe, wie gut es mir schon geht, dass ich da so liege und schwadroniere, als sei nie was gewesen. Obwohl sogar zwischendurch mal die Schmerzpumpe ausgefallen sei und keiner was gemerkt habe. Da hätte er mich anders eingeschätzt, ein bisschen wehleidiger.
Das stimmt auch. Ich hab mich ja selbst über mich gewundert. Und ich glaube, dass mich alles zusammen heil macht. Auf der einen Seite diese Drogen, auf der anderen Seite die Freude, dass man's hinter sich hat, dass dieser Scheiß aus meinem Körper raus ist – und natürlich dass mir niemand den Stimmbandnerv durchtrennt hat.

Aber meine Brust ist gerade etwas hölzerner oder metallischer als sonst … ich kanns nur schwer beschreiben. Ich glaube, ich spüre diesen fremden Stoff, der da eingesetzt wurde. Man hat ja im Zwerchfell eine Stelle gefunden, in die sich der Krebs schon reingefressen hatte. Die wurde komplett und breiträumig rausgeschnitten. Das war auch diese zweite leuchtende Stelle, die man auf dem PET gesehen hat. Die ist natürlich immer noch ein Rätsel, weil man nicht weiß, ob sie ein Ausläufer von dem Lungentumor ist oder ob das irgendetwas anderes ist, das separat wächst. Letzteres wäre wohl unangenehmer, weil es bedeuten würde, da gibt es noch eine Tumorart, die es auf mich abgesehen hat. Aber der Tumor selbst, das hat mir Professor Kaiser gesagt, ist definitiv raus. Mit bloßem Auge betrachtet und auch nach dem Schnellschnitt unterm Mikroskop sind alle anderen Lymphe bei mir frei. Das spricht schon mal eine gute Sprache. Weil das heißt, dass die Lymphe noch nicht von dem Tumor beeinflusst worden sind. Und so hat mir das Professor Kaiser auch erklärt: Sie sind jetzt frei, Sie sind klinisch gesehen absolut krebsfrei. Und dieses kleine Zeug, was da jetzt noch rumgondelt, dem werde man mit der Chemotherapie an den Kragen gehen. Danach werde man die Ecken bestrahlen, in denen diese eine befallene Lymphe saß. Um ganz sicherzugehen, dass auch diese Tumorzellen sich nicht weiter ausbreiten können.

Der Tumor in der Lunge ist jedenfalls ein Adenokarzinom, so viel ist sicher. Das ist ein typischer Nichtrauchertumor, was auch passt, weil ich ja seit zwanzig Jahren nicht mehr rauche. Kleinzellig ist der Krebs wohl nicht, weil der schneller streuen würde. Aber das Plattenepithel kommt auch vor in der Struktur meines Tumors.

Wenn ich das richtig verstehe, habe ich eigentlich ein Sammelsurium an Krebszellen. Was ja auch wieder völlig abstrus ist. Entweder alles oder gar nix. Ob mich das jetzt heiter stimmt, weiß ich noch nicht genau. Ich warte erst mal ab. Das Ergebnis der Histologie sollte ja heute schon kommen. Ist aber nicht gekommen. Kaiser hatte aber schon vor zwei Tagen angedeutet, es könne auch bis Dienstag dauern. Es ist wahrscheinlich nicht so unkompliziert. Das heißt, sie suchen und finden wahrscheinlich ein Wirrwarr von Krebszellen. Und sagen dann wahrscheinlich unisono: So einen Wirrwarr an Krebszellen haben wir noch nie gesehen.

Ich habe hier inzwischen ja viele sehr, sehr nette Schwestern und Ärzte kennengelernt. Der Wichtigste für mich ist natürlich Professor Kaiser. Die Entscheidung, mich von ihm operieren zu lassen, war die beste, die ich treffen konnte. Er ist für mich im Moment der Maßstab aller Dinge. Nicht obwohl, sondern weil wir ein schwieriges Zusammenkommen hatten. Das war ja nicht ganz so leicht am Anfang. Aber ich habe mich für ihn entschieden und ich bin bis jetzt nicht dafür bestraft worden. Im Gegenteil: Ich bin belohnt worden. Der Mann hat wirklich mit vollem Einsatz das Beste rausgeholt, was überhaupt rauszuholen ist. Und man merkt ihm eine echte Freude darüber an, dass ich schon so mobil bin. Auch von ihm empfange ich Funken von Wärme und Liebe. Also, man kann eigentlich nur dankbar sein.

Und ich gehe jetzt mal davon aus, dass wir alles schön der Reihe nach abhandeln. Ich mache auch brav mit, das habe ich schon gezeigt. Sicherlich werden mich die Chemo und die Bestrahlungen schwächen. Aber ich bin da gerade nicht so pessimistisch. Mit Aino und mit einer guten Portion von Streicheleinheiten kann ich mir vorstellen, dass man in den nächsten Monaten auch schöne Momente erleben kann.

Inzwischen sind ein paar Stunden vergangen und meine Stimmung ist wieder im Keller. Ach, ich weiß auch nicht, es ist ein ständiges Hin und Her, ein Auf und Ab. Vorhin war ich noch so optimistisch, jetzt erstarre ich wieder vor Schreck, wenn ich an die Zukunft denke. Denn natürlich steht permanent die Frage im Raum, was noch für Teilchen in meinem Blut sind und was die da jetzt machen. Ob da neuer Krebs kommt. Aber darüber soll man nicht nachdenken, sagen alle. Sagen, dass man daran nicht denken darf, weil man dann in den Fatalismus rutscht. Aber das macht die Sache so unfrei. Wenn ich nicht darüber nachdenke, dann ist das vielleicht besser, aber dann setze ich mich ja nicht mit diesem Gegenstand, mit diesem Zustand auseinander. Der ist doch jetzt Bestandteil meiner Welt, mit dem ich leben lernen muss. Das ist doch nun mal die Krux an dieser Krankheit, dass man mit ihr leben lernen muss.

Daher sind die Gespräche mit den Ärzten, besonders mit Professor Kaiser, für mich gerade wichtig, glaube ich. Weil es mir manchmal so vorkommt, dass ich nur mit ihnen offen reden kann. Weil sie nicht gleich abwiegeln, wenn ich danach frage, was da noch kommen kann, ob da noch irgendwelche Zellen rumgondeln können. Es geht nicht darum, mir irgendwelche Horrorszenarien auszumalen, aber ich brauche jemanden, mit dem ich glaubhaft und ehrlich darüber reden kann, was das demnächst für ein Leben sein wird. Ich will natürlich nicht jemanden, der mir sagt, also, passen Sie auf, in einem halben Jahr haben

Sie keine Haare mehr, und in einem Jahr werden wir den nächsten Tumor bei Ihnen feststellen, dann werden wir das und das tun, und in zwei Jahren sind Sie dann am Ende. Um diese Art von Wahrheit geht es nicht. Um diese Art von Sprechen geht es nicht. Aber es geht darum, mir aus dieser Verzweiflungsstarre rauszuhelfen und meine Ängste ernst zu nehmen. Und ich habe Angst davor, das weiß ich. Ich habe Angst, dass da noch was rumkreucht und nicht auszumerzen ist. Ich habe auch Angst, dass dieser Krebs hier jetzt zwar weg ist, aber dass irgendwann ein anderer Krebs auftaucht, dass ich also eine Veranlagung habe und mein Immunsystem nicht in der Lage ist, diese Zellen zu erkennen und zu fressen. Ich kann mir schon gut vorstellen, dass ich gar nicht mehr so lange hier auf der Erde bin.

Über diese Ängste habe ich auch mit der sehr netten Oberärztin geredet, ihr meine Fragen gestellt, von meinen Bedenken erzählt. Denn bei so einer Diagnose möchte ich mal denjenigen sehen, der einfach sagt, ja, so war das, so ist das, und weiter geht's. Die Angst wird ja nicht besser dadurch, dass man sie zu ignorieren versucht, das funktioniert ja nicht. Carl Hegemann hat mal gesagt, wenn man in ein Flugzeug steigt und nicht einen Funken von Angst hat, dann sei das Risiko größer, dass man abstürzt. Das ist vielleicht eine blöde katholische Vorstellung, aber es ist auch was dran. Ich will meine Angst nicht unterdrücken. Und wenn irgendwas mit meinem Körper nicht stimmen sollte, er mit 47 sagen sollte, ich kann nicht mehr, dann hat das nichts mit meiner Laune zu tun. Ich kann doch jetzt nicht hingehen und sagen, ich werde geheilt, wenn ich keine negativen Gedanken habe. Ist doch Quatsch. Natürlich möchte ich am liebsten noch einmal 47 Jahre leben. Ist doch klar. Wer denn nicht? Warum sollte ich denn jetzt sagen, das reicht mir, habe genug gemacht, auf Wiedersehen? Und sich damit zu trösten, dass es für einen Künstler besser ist, jung zu sterben, bevor er sich im Alter nur noch selbst zitiert, nee, vielen Dank! Dann will ich lieber kein Künstler mehr sein, da will ich doch lieber leben.

Und natürlich werde ich alles probieren, damit mein Körper, wenn so ein Scheißteil kommt, weiß, dass er aufpassen muss. Und schwupp und aufgegessen. Das hört sich leichter an als getan, weil es ja auch Krebsarten gibt, wo gar nichts klappt. Der Dämon, der mit diesem Wissen verbunden ist, der ist da, der Dämon kreist.

## Der Dämon kreist.

Wenn er mich besonders quält, dann male ich mir aus, dass Aino irgendwann nicht mehr kann. Dann unterstelle ich, dass sie weg ist, wenn es noch blöder läuft, wenn die nächste Nummer kommt und noch eine und noch eine. Dabei weiß ich gleichzeitig, dass sie das mit mir zusammen durchstehen will und dass es auch an mir liegt, ob sie bleibt. Im Moment ist es so schön mit uns: Wenn wir Händchen halten und friedlich nebeneinanderliegen, dann ist einfach alles gut.

Ich denke also gar nicht nur negativ. Sonst hätte ich mich ja auch gar nicht operieren lassen. Es ist beides gleichzeitig da, der Optimismus und der Pessimismus, der Mut und die Angst. Das ist jetzt erst mal so. Das heißt, ich bin sauber, das Zeug ist weg. Und das heißt, ich bin unsauber, weil vielleicht noch irgendwelche Reste von diesem Monster herumschwimmen. Und das heißt, der Dämon ist noch da.

Aber man kann Dämonen ja auch in gewisser Weise benutzen, für sich einsetzen. Ich könnte mir zum Beispiel vorstellen, wie schön es sein wird, den Leuten demnächst zu sagen: Nee, ich kann jetzt nicht. Und wenn sie fragen, ja, warum denn nicht? Warum können Sie denn nicht?, antworte ich einfach: Weil ich noch denken muss. Ich kann heute nicht. Es tut mir leid, ich würde gern, aber ich muss noch denken. Das ist vielleicht etwas, was im Positiven mit dem Dämon dieser Krankheit verbunden ist: Ich brauche mich bei manchen Leuten nicht mehr zu erklären. Warum auch? Da gibt's gar nix zu erklären. Es ist einfach so, dass man jetzt keine Zeit hat. Tut mir leid, das interessiert mich nicht. Nein, man muss nicht einmal sagen, das interessiert mich nicht. Man kann einfach sagen: Ich danke Ihnen für Ihre Anfrage. Kann nicht teilnehmen. Ich denke gerade.

Und ich könnte versuchen, im Positiven zu begreifen, wie sehr sich mein Blick auf die Welt geändert hat seit ein paar Wochen, wie viel mehr ich schon jetzt über mich und die Welt weiß. Die ist nun für mich vielleicht in drei Jahren zu Ende, vielleicht auch schon in einem Jahr, vielleicht auch erst in fünf − das weiß ich ja nicht. Aber ich weiß, dass ich, solange ich noch lebe, diese Welt etwas anders anschauen werde, vielleicht auch wie das Kind auf der Intensivstation etwas mehr auf Zehenspitzen über die Erde laufen werde.

Auf jeden Fall werde ich versuchen, die kleinen Dinge zu genießen. Es geht nicht darum, demnächst zu beweisen, dass ich auf dem Mond tanzen kann; es geht nicht darum zu tönen, dass ich mich ab jetzt um die Marsmenschen kümmere, weil die keine Stimme abbekommen haben und auch mal was sagen müssen. Nee, das ist es nicht. Es geht um dieses Gefühl, dass es in der Welt, direkt vor meiner Nase, so viele wunderschöne Sachen gibt. Das kann ein Baum sein, ein leckeres Essen, alles, was mir jetzt mehr bedeutet als jemals zuvor. Das

## Das Normalste ist das Schönste.

Normalste ist das Schönste. Natürlich wussten manche Leute das immer schon, die haben wahrscheinlich nie in den Tag hineingelebt. Aber deswegen muss ich mir ja nicht schon wieder einen Vorwurf machen, ist doch Quatsch. Gibt immer Ausnahmen. Gibt eben Menschen, die das Leben von Anfang an Detail für Detail, fast versessen, beobachtet und geliebt haben und darin aufgegangen sind. Das ist toll, aber ich bin nun mal ein bisschen anders. Ich konnte eben früher die kleinen Dinge nicht so genießen, habe zum Beispiel die Schönheit der Natur nicht richtig wahrnehmen können. Das ist schade, okay, aber ich bin damit, glaube ich, nicht alleine.

Gerade zurzeit merke ich, wie viele Leute hektisch und geschäftsmäßig auf die Welt gucken, so, als sei alles ganz selbstverständlich nur für ihre Rumraserei da. Wenn ich im Augenblick so jemanden treffe, denke ich manchmal: Wie sehen die denn aus? Das ist auch auffällig, ich schaue den Leuten viel länger ins Gesicht als früher. Und ich verstehe bei manchen Menschen nicht mehr, wie die aussehen. Nicht ihr Gesicht, sondern ihre Kleidung. Das Gesicht erzählt mir teilweise etwas anderes. Aber ich frage mich: Was ist denn mit deren Kleidung passiert? Waren die im falschen Kostümfundus? Irgendwas passt da nicht. Vor Kurzem dachte ich wirklich, ich müsse aufpassen, dass den Leuten die Klamotten nicht runterfallen. Ich müsse schnell hin, um die Jacke von dem Typen da festzuhalten oder bei der Frau das Hemd. Es kam mir so vor, als seien die Kleider an den Menschen nicht richtig befestigt, als würden sie gleich runterfallen und ich müsste ihnen diese peinliche Situation ersparen. Das war in dem Moment für mich ganz real und ich habe mich richtig erschrocken. Kann ich Gott sei Dank jetzt schon wieder drüber lachen. Wie die Leute sich anziehen, ist natürlich ihre Sache, aber manche Dinge wirken eben jetzt anders. Dass sich da irgendwas in meinem Blick auf die Menschen verändert, ist schon merkwürdig, aber auch wichtig.

Ich werde mich bestimmt demnächst auch mehr damit beschäftigen, was anderen Leuten alles zustößt. Es passiert doch täglich so viel, aber wir sind gar nicht mehr in der Lage, das einfach mal als Tatsache anzuerkennen, ohne gleich die Hände über dem Kopf zusammenzuschlagen und zu lamentieren, oh, wie schrecklich, der Arme, was für ein Horror. Wir müssen doch wieder lernen, dass das normal ist, dass das zum Leben dazugehört. Wenn es um Krankheit oder Tod geht, dann hört man immer nur von Sensationen, außerordentlichen Unfällen, wahrscheinlich noch inklusive Bestrafungskaffeesatz. Unter dem Motto: Das geschah dem bestimmt recht.

Aber man muss doch mit den Leuten ins Gespräch kommen. Wie kommen Leute ins Gespräch, die krank sind? Oder die, die sich ernsthaft Gedanken darüber machen, wie sie demnächst ihre Eltern versorgen sollen? Oder die, die um ihr Kind trauern? Sie wurschteln alle alleine vor sich hin, ja, danke der Nachfrage, geht schon, ich schaff das schon. Sie wissen, dass im Kern niemand wirklich wissen will, wie es ihnen geht. Da muss man doch neue Wege finden, um Erfahrungen zu teilen. Auch zwischen

Kranken und Gesunden. Mit anderen diese Dinge zu teilen – darum muss es gehen.

Aber vielleicht gibt es noch ein anderes Teilen: In sich selbst etwas teilen zu müssen, um überleben zu können. So habe ich die Sache noch gar nicht gesehen. Das heißt: Ich habe nur noch die rechte Hälfte meiner Lunge, links ist alles weg. Ich habe also etwas teilen müssen, damit ich überhaupt überlebe. Das ist etwas anderes, als zu sagen, ich gebe dir die Hälfte meines Mantels. Dieses Teilen kann auch zum Tode führen. Der, der teilt, den Mantel abgibt, kann in derselben Nacht noch erfrieren, weil er an die doppelte Mantelmasse gewöhnt war. Der andere, der kann auch erfrieren, weil er zwar jetzt eine Mantelmasse mehr hat als vorher, aber sie reicht vielleicht immer noch nicht, um ihn und seine Kinder zu schützen. Aber was ist, wenn ich in mir etwas teilen muss, um weiterleben zu können? Man redet ja auch von Zellteilung, die findet im Körper ununterbrochen statt und ist notwendig, damit das Leben weitergehen kann. Aber es gibt eben auch Zellen, die sich falsch herum teilen, oder zu oft, oder eben nicht mit der Information wie die umliegenden Zellverbände, was weiß ich. Dann redet man ja von einer Tumorzelle oder von einem Karzinom, von einem Ding, das nicht in den Körper gehört. Das heißt, auch die Teilungen im eigenen Körper können zum Tod führen. Schon verrückt, was einem plötzlich alles einfällt …

Auch die Frage, wie ich sterben will, ist weiterhin eine zentrale Frage in meinem Kopf. Das ist nicht nur negativ, ich empfinde das als produktiv. Da kann ich den Dämon auch für mich einsetzen. In den ersten Tagen habe ich ja nur fluchen können: Was für eine Scheiße! Es ist zum Kotzen, ich will nicht sterben! Inzwischen kann ich – manchmal, nicht immer – viel ruhiger überlegen, in welchem Bild ich sterben will. Wie sieht dieses Schlussbild aus? Die meisten Leute sagen wahrscheinlich: Pessimistischer Quatsch, was soll ich mich damit beschäftigen? Aber ich glaube felsenfest, dass man sich darüber Gedanken machen muss.

Immer wieder muss ich dabei an Afrika denken. Am Ende, wenn es denn sein soll, werden meine Freunde mit nach Afrika fahren, wir werden an meiner Oper bauen, und irgendwann wird man dafür sorgen, dass ich keine Schmerzen habe und etwas angenehmer wegjuckele.

## Wie sieht das Schlussbild aus?

So stelle ich mir das vor. Und in Afrika gibt's auch viele Dämonen, die ich für mich einsetzen kann. Vielleicht bringe ich ja auch selbst eine Art Sterbeversicherung mit dahin. Die Oberärztin sagte eben: »Sie müssen Ihre Lunge wie einen Augapfel hüten. Wenn da eine Entzündung entsteht, dann müssen Sie wirklich sofort in ärztliche Versorgung.« Das sei schon anders, als wenn man zwei Hälften habe. Das heißt, wenn ich ganz schwach werde und es nicht mehr weitergeht, dann könnte ich auch einfach eine Infektion bekommen und würde dann wenigstens einen etwas angenehmeren Tod sterben. Denn die Frage nach dem Selbstmord steht für mich nicht mehr relevant im Raum. Nur sich hier mit Schläuchen irgendwie durchschleusen zu lassen, das sehe ich nicht für mich. Das sehe ich eigentlich für keinen Menschen, der nicht als reiner Märtyrer oder Masochist geboren ist.

Jedenfalls gibt es diese Idee mit Afrika. Diese Idee ist sicher noch nicht ausgereift, ist vielleicht genauso verrückt wie alles andere. Aber verrückt ist der falsche Ausdruck. Es geht hier nicht um Narrentum. Der Begriff kann im Mittelalter noch so positiv benutzt worden sein, aber natürlich ist alles, was als Narrheit gilt, immer nur ein Sahnetörtchen für die Saturierten, die sowieso nichts denken. Die brauchen das, die brauchen die Idee des Narrentums, damit sie sagen können, der Typ hat's eh nicht ernst gemeint. Nein, das ist es nicht. Ich finde nicht, dass meine Sachen verrückt sind. Ich darf mich dafür gerne haben, was ich mache. Und der Gedanke an dieses Opernhaus in Afrika, mit Krankenstation, Schule, Probebühnen und Übernachtungsmöglichkeiten, ist eben ein Bild, das mich zum Denken bringt. Was das genau ist und was sich da genau abspielt, spielt gar keine große Rolle. Genau wie bei so einem Tumor. Das Bild und der Tumor sind jetzt einfach da, und sie sind erst mal der Grund, mehr nachzudenken als sonst. Und anders zu denken und genauer zu denken.

Da kommt meine Liebste zurück. Mehr davon demnächst in diesem Theater.

FREITAG, 1. FEBRUAR, ABENDS

Habe versucht, noch ein bisschen fernzusehen, aber das geht gerade nicht. Ich halte dieses Medium, das so klug tut, sich zu Gott und der Welt äußert und uns alle im Griff hat, nicht mehr aus. Nicht, weil sie da von einem unbeschwerten Leben sprechen, gönn dir was, kauf dir ein neues Auto und deinen Kindern Schokolade oder sonst irgendwas. Auch nicht, weil ich die Sachen niveaulos finde – ich lache gerne über Blödsinn. Aber ich kann den Fernseher nicht mehr einschalten. Das ist ein Medium, das mir im Moment völlig fremd ist, weil da wie in einer Endlosschleife immer dasselbe geredet wird. Da kann man reinschalten und wie nach einer Betäubung ohne Probleme an den Satz anschließen, der vor der Betäubung gesprochen wurde. Das haben mir die Anästhesisten hier erklärt. Man kann sich heutzutage einschläfern lassen, dabei irgendwas reden, und wenn man aufwacht, redet man einfach weiter, die Sätze passen aneinander. Der Mensch ist gar nicht weg gewesen, er wurde einfach nur kurz in seiner Zeit unterbrochen.

Zeitungen will ich auch nicht mehr lesen. Da steht das Geblubber von armen kleinen Menschen, die schreiben, weil sie schreiben wollen und im besten Fall auch kön-

nen. Meist schreiben sie das, was der Chef will, vielleicht
dürfen sie auch mal ausbüchsen, aber bitte nicht zu viel.
Dann liefern sie etwas ab, was in dem Moment, wo es
auf die Welt kommt, schon verschwindet. Wenn sie Glück
haben, ruft mal irgendjemand an und beschwert sich,
oder ein Freund sagt, habe deinen Artikel gelesen, fand
ich sehr spannend. Und das war's.
Dieses Argument, dass das morgen schon tot ist, zählt
natürlich nicht, ich weiß. Ich kann mir auch vorstellen,
dass man jetzt denkt: Ja, typisch, der Schlingensief meint
wohl, er schreibt einen Artikel und die Politik fällt tot
um. Das meine ich nicht. Ich meine nur, dass man die
Dinge in Relation sehen muss. Irgendein Artikel wird ge-
druckt, gammelt abends schon irgendwo in einem Lokal
herum, und der Einzige, der ihn zur Kenntnis nimmt und
ausflippt, ist der Sänger, der lesen muss, dass er nicht gut
war, oder der Regisseur, der wieder mal lesen muss, dass
das alles total unschlüssig war.
Ja, stimmt schon, eigentlich beschreibe ich mich selbst,
ich bin selbst oft genug ausgeflippt, habe oft genug die
Relation nicht beachtet. Aber egal, ich will das nicht
mehr, das ist doch komplett bescheuert. Gibt doch genug
Menschen, die keine Möglichkeit haben, sich lautstark
zur Welt zu äußern, weder als Künstlerarsch noch als Kri-
tikerdepp. Man kann doch wahrscheinlich auch gut ohne
all das leben, vielleicht sogar besser leben.
Und deshalb möchte ich mich damit nicht mehr kon-
frontieren. Ich kann das nicht mehr aushalten. Den
sozialen Aspekt in meiner Arbeit hat man mir sowieso
meist weggeschrieben, weil man sich in Deutschland
nichts mehr traut. Weil man meint, sobald jemand etwas
anders denkt, sei er schon ein Provokateur oder so. Das

sind die Methoden, um hier alles plattzumachen. Das ist ein grauenhafter Haufen. Ich merke gerade, dass ich sogar Angst davor habe, mich damit zu beschäftigen, weil sie einfach Gemeinheitsfabriken sind, diese Feuilletons und Talkshows. Überall sieht man Leute, die permanent Stellung beziehen zu irgendwas und ihr Kleidchen durch die Lüfte werfen. Dabei ist keiner informiert, was der andere vorhat. Und keiner weiß wenigstens ungefähr, um welches Thema es geht und wie man darüber nachdenken könnte. Es geht nur darum, so zu tun, als würde man über etwas nachdenken. So zu tun, als hätte man sich schon maßlos mit einer Sache beschäftigt. Das sind alles Dinge, die keine Konzentration bringen. Auch ich habe mich oft aus der Konzentration bringen lassen, weil ich gedacht habe, ich könne da jetzt schnell reagieren. Natürlich kann ich verdammt schnell denken, und ich kann auch in Notsituationen schnell reagieren. Aber die wirkliche Spannung zwischen dem Leben, in dem wir uns alle aufhalten, und dem Bewusstsein, dass jede Sekunde eigentlich die letzte sein könnte – die kapiert ja keiner oder die hält keiner aus. Also findet alles unter völliger Bewusstlosigkeit statt. Ich sage immer, man kann nicht sterben, solange man bei Bewusstsein bleibt ...

Ist natürlich alles nicht wichtig. Ist vielleicht auch alles Quatsch. Jedenfalls gibt es Wichtigeres, als sich jetzt über die Medien zu echauffieren und auf irgendwelchen Leuten rumzuhacken. Ich weiß auch nicht, warum ich gerade so wütend bin. Vielleicht weil mir die Angst wieder in die Knochen kriecht und ich mich frage, wie ich die Nacht durchstehen soll. Ich komme mir vor wie nach einem Totalcrash, der einem von einer Sekunde auf die andere jegliche Freiheit raubt. Man denkt nur noch: Was ist das denn jetzt eigentlich, was passiert denn jetzt mit mir? Wenn ich rumschimpfen muss, sind das wahrscheinlich alles nur Variationen der Frage: Was ist denn da jetzt los mit mir? Die größte Freiheitsberaubung ist ja nicht das Krankenhaus, es sind auch nicht die Ärzte, in deren Hände man sich begeben muss, damit sie in einem rumsäbeln. Die Freiheitsberaubung ist schlichtweg der Moment, wo man aufwacht und immer wieder diesen Schrecken spürt. Man kann nichts dagegen machen, man wacht auf, der Schreck ist da und es gibt nur den Gedanken: Ach du Scheiße, was ist das, was ist da los in dir?

Aber gut, ich habe eine Operation hinter mich gebracht und die ist gut verlaufen, ich atme ein bisschen anders, gehe etwas langsamer, aber eigentlich gibt es keinen Grund, jetzt durchzudrehen. Ist ja auch nicht so. Wann bin ich denn hier durchgedreht? Okay, an dem einen Abend habe ich Panik bekommen, weil ich nicht telefonieren konnte, weil ich mich nicht mitteilen konnte. Ich war alleine, hatte Angst und konnte mich mit meiner Geliebten nicht besprechen. Das hat mich schon sehr aufgeregt. Aber mehr ist doch nicht. Ich renne doch hier nicht ständig zu allen Ärzten oder telefoniere nachts hinter ihnen her.

Ich sollte mich also beruhigen. Ich sage nicht, dass ich ab jetzt der Starke bin, der sich niemals aufregt. Das klappt sowieso nicht. Aber ich muss darüber nachdenken, was eigentlich passiert ist, was das für ein Crash für mich war. Vielleicht erfahre ich auch, wann ungefähr der Krebs anfing zu wachsen, vielleicht gibt es ja solche Zusammenhänge. Und ich werde jetzt mit aller Kraft versuchen, viele Dinge zu genießen, Dinge für mich zu tun. Und ich werde den Leuten sagen: Leute, ich bin nicht mehr so schnell, ich bin langsamer geworden. Ich habe 47 Jahre lang Volldampf gegeben, jetzt wird mal ein bisschen weniger Dampf gemacht. Ich kann sicher trotzdem noch ein paar Leute, die schnell sind, begleiten. Ich kann sicher auch mal hie und da ein paar Sachen sagen. Nicht, dass ich Leute mit Ratschlägen totschlagen will, aber ich kann vielleicht dem einen oder andern einen Floh ins Ohr setzen. Das kann man auch, wenn man langsam ist.

Außerdem glaube ich, dass man sich Wünsche wünschen kann. Und diese gewünschten Wünsche gehen dann manchmal in Erfüllung. Aber eben nur manchmal. Daraus würde ich nie ein Gesetz machen. Man kann nicht sagen: Du musst dir nur die richtigen Sachen wünschen,

## Ich werde mir Wünsche wünschen.

dann klappt das schon. Das geht nicht. Aber eins ist klar, ich wünsche mir keinen Tumor, ich wünsche mir keine Metastasen, das wünsche ich mir definitiv nicht. Ich habe nun etwas zu erleben, was ich momentan nicht begreife. Aber ich werde mir nicht vorstellen, dass ich ab jetzt nur noch Scheiße erleben kann. Ja, warum denn? Ist ja jetzt ein Bestandteil von dem, was mich ausmacht. Die Frage, warum ich mit 47 so ein Ding kriege, ist müßig. Weil ich sowieso mal einen auf den Deckel kriegen sollte? Weil ich zu viel gemacht und rumgetönt habe? Weil ich mit meiner Gesundheit nicht gut umgegangen bin? Stimmt doch gar nicht. Ich habe nicht geraucht. Ich habe sicher mal das eine oder andere Glas zu viel in der Hand gehabt, okay, ein bisschen Trinken war schon dabei. Aber das hat ja nix mit meinem Lungenkrebs hier zu tun. Woher der kommt und was das ist, das kann ich doch nur als ein

Bild auffassen, das so fragwürdig und so merkwürdig ist, dass man eigentlich nur sagen kann: Typisch Schlingensief, wie kommt denn das wieder zustande?

Aber diesmal habe ich das Bild garantiert so nicht geplant. Hundertprozentig nicht. Ängste gab's genug, auch Krankheitsvorstellungen, klar. Aber so etwas nicht. Vielleicht ist es ja auch gut, dass man nicht begreift, was da genau vor sich geht. Ich bin zum Beispiel froh, dass ich keine Ahnung davon habe, was der Kaiser da in mir gemacht hat, wie das geht, einen Lungenflügel zu entfernen. Das kann er mir vielleicht mal in ein paar Jahren erzählen. Aber zurzeit ist es erst mal okay, nicht zu wissen, was da jetzt mit meinem Körper passiert, warum es links mehr gluckst als rechts und warum der Atem manchmal so komisch scheuert.

Da nutze ich die Situation lieber dazu, darüber nachzudenken, was Leid für eine Gesellschaft bedeutet, wann Leiden anfängt und wann es aufhört, warum Leiden so ein fremder Begriff geworden ist. Und bastele weiter an meinem Bild des Sterbens, weil ich es wichtig finde, dass man sich nicht an Kabeln und Drähten befindet, wenn man die letzten Gedanken

## Die Schläuche müssen entscheiden. Unter Schlauchschutz verlässt man dann diesen Ort hier.

denkt. Sondern dass man in ein Bild einsteigen kann, dass man schon früher gebaut hat, das Bild eben, in dem man diese letzten Gedanken denken möchte. Das Bild muss also wachsen, damit man in diesem Bild verschwinden kann. Und dann ist vielleicht wenigstens ein Gedanke übrig geblieben, nicht einer, der die Welt aus den Angeln hebt oder die Lösung aller Probleme bietet, sondern einer, der vielleicht nichts anderes ist als ein großer Wunsch.

Na ja, ich hör jetzt mal auf, dieses Wunderding eines Gedankens wird's eh nicht geben. Eigentlich geht es um das Glück, geliebt zu werden und an einen Ort zu gehen, an dem man sich geborgen fühlt. Und ob das nun in einem Jahr oder in zwei oder drei Jahren oder in fünf ist, da muss man die Schläuche fragen. Muss fragen, wie viel Zeit ihnen bleibt, um das Zeug da abzutransportieren oder umzuleiten. Und man muss vor allem herausfinden, wie lang die Schläuche sind, damit man noch in das Bild reisen kann.

Die Schläuche müssen entscheiden. Unter Schlauchschutz verlässt man dann diesen Ort hier.

SAMSTAG, 2. FEBRUAR

Eigentlich hat der Tag heute toll begonnen. Ich bin nämlich auf die Normalstation entlassen worden. Das war ein
großer Triumph. Triumph ist zwar ein blödes Wort, aber
solche Begriffe fallen einem sofort wieder ein, wenn es
einem etwas besser geht. Hat aber eigentlich keine Bedeutung.
Beim Aufwachen hatte ich die üblichen Schmerzen. Trotzdem: Wacker sein, aus den Federn raus, ins Badezimmer,
sich waschen, ein bisschen gewaschen werden, weil man
hinten so schlecht drankommt. Dann wurde ich noch
einmal geröntgt, das hieß also, im Rollstuhl über die
Gänge jagen. Dann wieder ins Bett, Werte messen und
all diese Sachen. Der Sauerstoffgehalt im Blut ist wirklich
Wahnsinn, das glaubt man nicht: Der liegt bei 95 bis ma-
ximal sogar 98 Prozent. Das Atmen fühlt sich manchmal
etwas komisch an, so als sei da eine Ecke, wo sich die
Luft dran schabt oder irgendwie dran hängen bleibt. Aber
der Schmerz lässt nach, das spüre ich, obwohl ich heute
sogar viel husten musste.
Professor Kaiser war auch noch da, bevor ich auf die Normalstation verlegt wurde. Hat mich vor all seinen Leuten
fett gelobt: »Das haben Sie richtig klasse gemacht, Ihre

115

Mobilisierung und wie Sie sich verhalten haben, ganz toll.« Schon lange nicht mehr habe ich mich so sehr über ein Kompliment gefreut. Beim Abschied sagte er noch, ich solle es mir jetzt oben auf dem Zimmer gut gehen lassen und mir mit Aino einfach ein schönes Wochenende machen.

Vorher kam noch die Frage nach dem Bademantel auf. Das sind so Kleinigkeiten, die jetzt langsam wieder interessant werden: Wieso ist denn da kein Bademantel? Die letzten Tage hat man auf so etwas überhaupt keinen Wert gelegt. Aber plötzlich geht's dann wieder um einen Bademantel. Aber das sind gute Momente, weil sie so banal sind.

Eigentlich hatte ich also einen sehr guten Start in den Tag. Als ich oben ankam, war Aino schon da. Und mein Team hatte mir einen Packen E-Mails mit Genesungswünschen ausgedruckt, die ich erst einmal in Ruhe gelesen habe. Da wurde mir mal kurz bewusst, wie viele Leute ich kenne, wie viele Leute da tatsächlich mit mir mitfiebern – das tut einem natürlich gut. Das berührt einen, gerade in einem Moment, wo man sich ganz klein fühlt und sich über so eine Reise im Aufzug rauf in die vierte Etage freut, als sei es die Mondlandung.

Dann kam das Mittagessen. Obwohl ich keinen Hunger hatte, habe ich mir gesagt, egal, das wird jetzt gegessen. Und dann hat es auch geschmeckt: Es gab Rinderbraten mit Kartoffelpüree, dazu habe ich noch einen Rote-Bete-Salat weggeputzt, als Nachtisch gab's zwei Kiwis.

Nach dem Mittagessen habe ich noch ein bisschen gelesen, bin dann aber schnell müde geworden und eingeschlafen. Als ich aufwachte, war eigentlich auch alles noch toll, vor allem war ich so froh, dass mich nicht wieder so ein Schrecken ansprang. Aber von da an liefen die Dinge blöd … Tja, das »Aber« muss natürlich auch wieder kommen, sonst wäre das ja in meinen Augen hier kein kompletter Vortrag. So eine Scheiße, immer muss dieses Aber kommen. Kann man wohl nichts machen. Jedenfalls kam eine ziemlich poltrige Schwester rein und sagte, ich hätte Besuch von einem Freund. Aino hatte extra eine Besucherliste mit ganz wenigen Namen aufgestellt, weil sie schon ahnte, dass ich hier oben nicht so abgeschirmt sein würde wie auf der Intensivstation. Und dieser Freund stand eben nicht auf der Liste. War der Schwester aber scheinbar egal, vielleicht hatte sie die Liste auch gar nicht zu Gesicht bekommen. Jedenfalls platzte sie rein und sagte, dass mich ein Freund besuchen wolle, er warte schon auf dem Gang. Ich meine, was soll man da machen? Ihn wegschicken? Das schaffe ich nicht, dafür bräuchte man Kraft, und die habe ich zurzeit nicht. Außerdem hat er ja auch mitgefühlt, das spüre ich, und ich mag ihn auch sehr.

Da habe ich zur Schwester gesagt, ja gut, dann soll er reinkommen, aber sie solle doch nach einer Viertelstunde wiederkommen und ihm sagen, dass ich jetzt Ruhe brauche. Darum hatte ich sie gebeten. Aber sie kam nicht, und ich selbst habe es nicht geschafft, ihn zu bitten, er solle jetzt gehen. Er war eine Stunde da. Und natürlich spricht man dann auch über dieses und jenes, über die Johanna-Inszenierung, man erzählt leichtfertig Geschichten, auch wenn man vielleicht gar keine Lust dazu hat, die hier und jetzt in die Welt zu tragen. Als er ging, war meine Stimme ganz matschig, und ich musste ganz viel inhalieren. Ich weiß nicht, ich glaube manchmal, ich bräuchte jetzt jemanden, der mich abschirmt. Das heißt natürlich nicht, wir sperren hier alle Gänge und machen auf Bodyguard. Das heißt nur: Wenn mal ein Freund nicht auf der Liste steht, ist das vielleicht ein Versäumnis, weil das ein ganz Lieber ist, aber es ist nicht zu ändern, weil ich fertig bin.

Finde ich alles sehr, sehr schwierig. Wie machen das denn die anderen Menschen, die krank sind? Wie kommen die denn zur Ruhe?

Und es sind noch weitere Sachen passiert, die mich bis jetzt hier oben nicht glücklich werden lassen. Irgendwann tauchten Leo und Julian aus meinem Büro auf. Natürlich habe ich mich gefreut, sie zu sehen. Natürlich sind die toll. Aber dann kamen wir auf die Galerie in Zürich zu sprechen, die meine Sachen im Bereich Bildende Kunst vertritt. Sie erzählten mir, dass der Typ von Hauser & Wirth ihnen eigentlich gleich zu Beginn gesagt hat, die Galerie sei kein Sponsor. Sie könnten für meine Atelier-wohnung zwar die Miete übernehmen oder auch einen monatlichen Fixbetrag zahlen, aber das würde dann vom Gewinn abgezogen. Diese Botschaft kenne ich schon lange. Das ist ja kalter Kaffee. Aber ich war trotzdem so enttäuscht, dass die Dinge nicht so laufen, wie ich mir das in meiner Traumfabrik vorgestellt habe; da habe ich dann Leo und Julian angebrüllt, dass sie mir diese Info ruhig schon mal früher hätten geben können, und dass sie meine Wünsche bestimmt nicht deutlich genug vermittelt hätten. Total ungerecht. Aber seit ich hier oben bin, fange ich wieder an, herumzurödeln und Fragen zu stellen: Wie läuft das da und dort? Wieso kapieren die Leute nicht end-lich, was ich brauche? Was macht die Internetseite? Was ist jetzt mit dem Afrika-Film auf der Berlinale?

Tja, und da kam raus, dass »The African Twintowers«

jetzt auf achtzehn Monitoren in irgendeinem Tunnel gezeigt werden soll. Die hatten mir eigentlich versprochen, dass der Film im Berlinale Palast einfach an die Wand geworfen wird, das hatte ich zumindest so verstanden. Daraus wird also jetzt irgendeine Einkaufszone, irgendwas zwischen Sony und noch wo. Keine Ahnung, wo das sein soll, ich habe noch nicht einmal ein Foto von dem Ort gesehen.

Ich will doch nur, dass dieses Projekt endlich zu einem guten Abschluss kommt. Darum geht's. Das ist die Hauptsache. Okay, der Film ist ein Steinbruch, besteht aus lauter Einzelteilen, die sich unterhalten, aber deswegen muss man ihn doch nicht in einem Tunnel zeigen, wo sich dann gerade mal ein paar Extravagante hin verirren. Was spricht denn dagegen, die Bilder einfach zwischen Toilette und Champagnerbar an die Wand zu werfen? Mein Name muss auch gar nicht vorkommen. Die Johanna-Inszenierung ist eine Aufgabe, die anstrengend genug ist. Die kann ich mir aber komischerweise vorstellen, die ist klar. Aber warum diese Mächte so eine Altlast wie den Afrika-Film nicht zu einem guten Ende kommen lassen wollen, verstehe ich einfach nicht.

Ich rege mich schon wieder auf. Ich will das nicht! Wahrscheinlich ist das auch alles eine gute Idee von den Berlinale-Leuten, wahrscheinlich wird die Vorführung im Tunnel toll. Man hat nur so Angst, die Kontrolle zu verlieren. Ist ja auch so: Ich bin zurzeit raus aus dem Spiel, kann zwar noch mit überlegen und Pläne schmieden, aber die Dinge kontrollieren kann ich nicht. Stattdessen muss ich anderen vertrauen. Der Punkt ist also, ich muss lernen zu vertrauen. Und das fällt nun mal nicht so leicht.

Denn so wie's aussieht, passieren immer wieder komische Sachen, die mich angreifen. Ich habe heute auch erfahren, dass meine Sache hier wohl schon vorgestern in der Öffentlichkeit ausposaunt wurde. Dass ich Lungenkrebs habe, dass ich einen brutalen Eingriff von fünf Stunden hinter mir habe, dass ich echt kämpfe und dass die Zukunft mit Fragezeichen gespickt ist, das quasselt irgend so ein Dödel in der Kneipe rum. Dann kommen diese Kletten mit dem Block, der Idiot fängt an zu labern, und am nächsten Tag steht in einer blöden Boulevardzeitung: Schlingensief schwer erkrankt, Dödel macht sich große Sorgen.

Warum kann man mir jetzt nicht einfach mal diese Krankheit überlassen? Warum muss da irgendwer, den ich seit Jahren nicht mehr gesprochen habe, überall erzählen, er mache sich große Sorgen? Warum kann ich nicht selbst bestimmen, wann und wie ich das mitteile?

Als ich mit Aino über alle diese Sachen gesprochen habe, meinte sie, sie hätte sogar schon überlegt, ob man nicht einfach behaupten müsste, ich sei weiterhin auf der Intensivstation. Einfach nur, damit ich weg bin. Ich stecke, glaube ich, wirklich gerade in einer Art Gefahrenzone. Weil ich viel zu fertig bin, um solche Bandenkriege zu führen. Ich bin in einem Al-Pacino-Film in eine ziemlich harte Schießerei geraten, und der Körper funktioniert gerade nicht hundertprozentig. Das wird besser über die Jahre, das ist klar. Und ich will auch mit alldem umgehen lernen, aber im Augenblick kann ich das nicht. Deswegen muss ich mich jetzt hier rausziehen. Ich brauche vor allen Dingen Schutz, ich will keinen Gedanken mehr daran verschwenden, ob mein Büro arbeitet oder nicht. Ich will jemandem vertrauen können, der die Sachen in die Hand nimmt und mir sagt: Okay, mach dir jetzt gar keine Sorgen, denk an Eierkuchen oder an irgendwas, aber mach dir bloß keinen Kopf, ob wir dein Wohnmobil verkauft kriegen. Ich muss aus all diesen Sachen raus. Ich möchte mir einfach keine Sorgen mehr machen, auch keine Geldsorgen. Und ich möchte alleine sein, das heißt, ich möchte mit Aino und meinen Freunden zusammen sein.

Andererseits ist mir auch klar, dass ich selbst derjenige bin, der hier Mist baut. Sage mir, genau das brauchst du doch, diese Kaffeekranzhektik, du bist es doch, der da Probleme und Sorgen am laufenden Band produziert, das sind ja gar nicht die anderen, auf die du jetzt wieder losschimpfst. Du selbst musst doch was tun, um in diese Normalität zu kommen, die du dir wünschst. Aber dafür braucht man Kraft. Und tief drinnen in mir gibt es etwas, das ist saumüde. Das ist wahrscheinlich echt das kleine Kind in mir. Als ich Alexander Kluge am Telefon die Geschichte mit dem schreienden Kind erzählt hatte, sagte er: »Sie wissen schon, dass dieses Kind Sie selbst waren?« Das fand ich toll. Natürlich, es könnte wunderbar das Kind in mir gewesen sein, das da geschrien hat.
Also, ich möchte mich nicht mehr verteidigen, sondern mich einfach gerne haben, auch wenn ich keine Kraft habe. Das Kind in mir ist vielleicht gar nicht erschöpft und ausgelaugt, es hat eigentlich große Lust zu leben. Das will schreien, furzen und kacken und auch in die Schule gehen und ich weiß nicht was. Es hat noch riesige Sachen vor. Aber es will das eben in einer gewissen Liebe und Geborgenheit tun. Und wenn ich mit dieser Hektik schon am ersten Tag anfange, an dem ich aus dem Ausnahme-

zustand raus bin, dann bin ich sicher, dass ich demnächst entweder aufgrund von Herzversagen einfach umfalle oder diese Krebsnummer sehr bald weitergeht.

Ich habe jedenfalls heute richtig Schiss bekommen. Ich war so durcheinander, so wahnsinnig aufgewühlt, dass ich mich sehr über mich selbst erschrocken habe. Ich weiß auch nicht, warum ich das alles brauche. Warum ich mich so aufregen muss. Und dann frage ich mich wirklich, wo könnte ich aussteigen, wie könnte ich aussteigen und woher bekäme ich das Geld. Mir kommt es so vor, als dächten die Leute: Klar, Schlingensief, der besiegt einen Drachen und geht dann nachher Kaffee trinken. Er hat zwar jetzt eine Wunde, aber das spielt keine Rolle, die sieht man ja nicht.

Ich war da echt ratlos. Mit Aino habe ich lange, lange geredet, und dann sind wir einfach auf dem Bett zusammen eingeschlafen, wahrscheinlich vor Erschöpfung. Ich kann nur sage: Danke, lieber Gott, dass ich die Aino habe. Was für ein Glück.

Eins ist klar: Ich hab den Tod gespürt, er saß in mir. Ich habe gekämpft. Es werden wahrscheinlich noch einige Kämpfe folgen. Das werden wir sehen. Ich glaube, ich habe Kraft. Die kann man natürlich auch brechen. Daher muss es darum gehen, in eine gute seelische Verfassung zu kommen und die auch zu erhalten, zu schauen, dass es viele gute Momente gibt. Und es geht darum, jemanden zu finden, der mir kurzfristig die schlechten Momente erklärt und mich in der Selbstliebe stärkt. Nicht in der Arroganz und der Überheblichkeit, sondern in der Selbstliebe. Und vielleicht kennt derjenige auch ein paar schöne, wunderbare Tricks, wie man sich zurückziehen kann, wenn man das möchte. Das übe ich dann bei jeder Gelegenheit.

Nachts bin ich sowieso acht bis zehn Stunden weg, und tagsüber bin ich auch noch mal acht Stunden weg. Bin ich halt von 24 Stunden nur acht Stunden da. Kein Interesse mehr daran, permanent irgendetwas sprudeln zu lassen und mich selbst in ein Dauerkorsett zu spannen. Denn eigentlich möchte ich mehr Zeit haben zum Lesen und zum Musikhören. Ganz blöd gesagt, bin ich da unterversorgt. Außerdem möchte ich endlich wieder mehr Filme gucken, möglichst nicht im Kino, sondern zu Hause in einer schönen Atmosphäre. Ich möchte gerne mehr Zeit für meine Frau haben. Und ich möchte mal raus in die Natur fahren, um eine Wanderung zu machen, oder vielleicht auch nur, um dazusitzen und zu gucken. Das sind meine Wünsche. Neben zehntausend anderen Wünschen, die alle mit Liebe und mit Gesundheit und Geborgenheit zu tun haben.

Was da in mir passiert ist, was das bewirkt hat und noch bewirken wird, ist massiv. Das ist echt supermassiv. Nicht irgendein winziges Beben auf der Richterskala, wo nur ein Buch aus dem Regal gefallen ist. Sondern das ist in seiner ganzen Fragwürdigkeit, auch in seiner ganzen Einsamkeit, eigentlich nicht zu erklären. Und da brauche ich noch so viel Zeit. Und ich wünsche mir Zeit. Jetzt schlaf ich was. Gute Nacht.

SONNTAG, 3. FEBRUAR

Heute Abend wollte ich eigentlich nicht mehr in das
Gerät reden. Es ist schon ein Uhr nachts, soweit ich das
überblicke, und ich habe heute eigentlich genug geredet. Trotzdem will ich ein paar Sachen festhalten, ich
probiere mal eine Kurzfassung.
Der Tag begann ganz ruhig. Ich bin gut aufgewacht, hatte
allerdings im Nacken die Haare klatschnass, auch der
Rücken war nass, ich muss also stark geschwitzt haben
in der Nacht. Aufstehen, Waschen, Einreiben, Blutdruck
messen und all das Zeug waren okay, sich bewegen tut
halt weh. Wie das eben so ist.
Ich habe dann in Ruhe gefrühstückt, dabei aus dem
Fenster geschaut, ohne groß nachzudenken: Die Sonne
schien, Flugzeuglinien am Himmel, ein paar Vögel, Rau-
reif – das war sehr, sehr schön. Dann habe ich natürlich
doch wieder Zeitung gelesen. Irgendwann ging die Tür
auf und ein gut gelaunter Professor Kaiser kam rein. Eine
halbe Stunde ist er bestimmt geblieben, ich habe ihm von
meinem Gedankenchaos erzählt und er hat mir Mut gemacht. Sagte, dass ich stolz sein könne. Und dass sich bei
mir sicher noch viele Perspektiven verschieben würden,
das sei normal bei so einem Schuss vor den Bug, so hat er

sich ausgedrückt. Aber ich solle dann schön an meine Arbeit gehen, die Johanna-Inszenierung machen und auch
die anderen Projekte in Angriff nehmen. Ich solle das
alles schön durchziehen. Vorher würden sie mich hier so
weit wiederherstellen, dass es dann zu Hause auch etwas
leichter werde. In diesem Stil hat er geredet. War also ein
guter Anfang des Tages.

Als etwas später Besuch von einem Freund kam, habe
ich aber gemerkt, dass ich etwas nörgelig wurde, wahrscheinlich weil ich heute mehr Schmerzen hatte. Um
eins habe ich dann zu Mittag gegessen. Wieder fast alles
leer geputzt. Es läuft immer gleich: Erst habe ich keinen
Hunger, dann esse ich trotzdem und dann geht's auch
wunderbar. Nach dem Essen habe ich geschlafen. Ging
langsam los, aber ich kam gut in Fahrt und der Schlaf
war schön.

Dann ging's weiter mit Kaffeetrinken. Die Sonne ging
langsam unter und da fingen wieder die schwarzen Gedanken an zu kreisen. 17 Uhr, da geht's meist los mit
den Dämonen. Diesmal vor allen Dingen der Gedanke
daran, dass ich Aino vielleicht bald schon verlassen muss.
Mein Gott, das Bild von ihr und mir, was ich hier auf-
gehängt habe, ist so schön! Das ist so schön, dass ich
das fast schon abgehängt hätte, weil ich den Gedanken
kaum aushalte, mich von ihr verabschieden zu müssen.
Ich habe jedenfalls heulen müssen, ich war fertig, es tat
mir weh, ich wurde immer quengeliger.

Dann kam Aino endlich. Sie war heute den ganzen Tag
unterwegs gewesen, hat sich mal ein bisschen um sich
selbst gekümmert, sich was Gutes getan. Sie hätte dabei
aber ein schlechtes Gewissen gehabt, sagt sie. Und das
ist wahrscheinlich auch der wahre Grund, warum ich

den ganzen Tag schlechte Laune hatte, nicht weil die Schmerzen heute stärker waren, sondern weil ich mich allein gelassen fühlte, weil ich mir natürlich ausmale, dass die Welt da draußen für sie auch wunderbar ohne mich läuft. Ich habe diese Angst, dass ich ihr nichts mehr bieten kann, dass ich jetzt so ein Lahmarsch bin. Bevor sie kam, bin ich deshalb mal alleine den Gang auf und ab gegangen. Das war so anstrengend, da habe ich mich so hilflos gefühlt, dass ich weinen musste, als ich wieder im Bett lag. Als Aino mich da so liegen sah, hat sie mich natürlich sofort getröstet und wir haben zusammen diesen Spielfilm über Francis Bacon angeschaut. War mir eigentlich ein bisschen viel Tod, Gedärme, Masochismus und so, aber während der Film lief, haben wir uns in den Armen gelegen und das war wieder wunderschön.

Nach dem Abendessen haben wir ein bisschen dies und das geredet und irgendwann kamen wir auf die Religion zu sprechen. Das war erst schrecklich schwierig. Ich wollte wissen, was sie von Gott, Jesus und Maria hält. Nein, stimmt gar nicht. Eigentlich habe ich nur gefragt, ob sie an Gott glaubt.

**Ich schaue aus dem Fenster und staune, als hätte ich noch nie Sonne und Wolken gesehen.**

Und da hat sie eher abgewinkt und mir erzählt, dass sie mit all dem Jenseitsdenken nicht so viel anfangen kann, dass sie eher die kleinen, irdischen Dinge liebt, die Natur und was weiß ich. Je mehr sie mir vorschwärmte, wie schön doch das Irdische sei, desto stärker habe ich das als Vorwurf aufgefasst, dass ich das ja nicht so sehen könne. Das war ein Riesenmissverständnis. Aber ich war erst einmal ziemlich angeschossen, zumal ich gerade jetzt doch auch hier sitze und aus dem Fenster schaue und staune, als hätte ich noch nie Sonne und Wolken gesehen. Aino wiederum verstand überhaupt nicht, warum ich so aggressiv reagiert habe.

Doch das Tolle war, dass wir es dann doch hingekriegt haben. Vor ein paar Wochen hätte das nie und nimmer geklappt, dass man da aus so einem Durcheinander wieder rauskommt. Das ist auch etwas Positives an der Situation hier, dass man sanfter miteinander umzugehen lernt. Vielleicht auch, dass man nicht so schnell aufgibt, dass man wirklich versucht, den anderen zu verstehen, und sich bemüht, verstanden zu werden. Als Aino kurz auf dem Klo war, habe ich jedenfalls mit mir selbst gesprochen, auch leise mit Papa geredet, habe gesagt, ich muss ihr das jetzt lassen und sie muss mir das lassen. Keiner kann und darf dem anderen jetzt irgendetwas aufzwängen. Und als sie wiederkam, habe ich einfach versucht zu erklären, was mir meine drei Leute da oben bedeuten. Das ist natürlich auch nicht so leicht gewesen. Aber schafft das heutzutage überhaupt jemand, über seinen Glauben, von mir aus auch über seinen Nichtglauben, zu sprechen, ohne ins Rutschen zu kommen? Meistens wird doch sowieso einfach geschwiegen. Aber Aino hat geduldig zugehört, auch als ich mich verzettelt habe, sie hat gemerkt, wie wichtig mir das ist.

Ich habe jedenfalls gesagt, für mich steht Maria für Liebe, Wärme, Zuneigung, Geborgenheit, Mutter, Schwester, was weiß ich. Sie ist einfach die Personifikation von Geborgenheit und Liebe und Schutz. Auch die Begleiterin durch den dunklen Gedankenwald.

Bei Jesus liegen die Dinge schon komplizierter. Er ist

derjenige, der das Leidwesen in die Welt gebracht hat, jedenfalls für die christliche Religion. Nicht das Rechtswesen oder das Geldwesen, sondern das Leidwesen. Was das ist, ist schwer zu beschreiben, und deshalb ist auch Jesus schwer zu beschreiben. Man kann über das Bild seines Leidens vieles denken. Man kann denken, dass diese drei Stunden am Kreuz doch lächerlich sind im Vergleich zu den Millionen, die vor ihm und nach ihm viel schlimmeres Leid erfahren mussten. Das habe ich in meiner Wut hier ja auch mal lauthals verkündet. Aber das Wesen des Leids, wann Leiden überhaupt beginnt, wie man es aus eigener Kraft überwindet, ob das Leiden vielleicht auch etwas Sinnvolles in die Welt trägt, es also eine Funktion hat – das sind Fragen, die man anhand seiner Geschichte diskutieren kann. Aber das ist schwer zu erklären, da hake ich immer wieder.

Gott ist für mich natürlich das Prinzip, das alles miteinander verbindet. Natürlich auch Christen, Buddhisten, Hinduisten und ich weiß nicht wen. Alle Kräfte gehören zusammen. Daher gibt's eigentlich auch keinen Anfang und kein Ende. Und deshalb geht dieses Leiden, um das es bei Jesus geht, mit dem Tod vielleicht auch gar nicht zu Ende, weil es eigentlich nie angefangen hat. Ich habe Aino diesen Absatz aus dem Buch von Nürnberger vorgelesen, wo er schreibt, dass die Utopie Gottes so lange scheitert, bis nicht alle Menschen darauf verzichten, ihr Schicksal selbst bestimmen zu wollen. Das geht natürlich politisch gesehen gar nicht. Natürlich soll der Mensch eingreifen. Er muss einspringen für andere, die es nicht können. Er muss Platz machen für andere, die keinen Zugang zu Ressourcen haben. Er muss auch kämpfen, klar. Aber dieses Element des Kampfes, des Kriegerischen macht diese Momente des Eingreifens zumindest zwiespältig.

Man könnte aus dem, was Nürnberger schreibt, natürlich auch Konsequenzen ziehen. Man könnte sagen: Da diese Utopie Gottes bis heute nicht verwirklicht ist, ist die Niederlage Gottes ganz klar bewiesen. Aber darüber will ich zurzeit nicht nachdenken. Sondern ich will mir klarmachen, dass wir erst, wenn wir uns fallen lassen und die Dinge geschehen lassen, die Freiheit erfahren, die wir haben. Ist natürlich eine paradoxe Vorstellung: In dem Moment der radikalen Unfreiheit erfahren wir erst die wahre Freiheit. Schon kompliziert.

Aber eins ist klar: Ich bin kein Atheist. Und ich kann jetzt auch nicht sagen, na gut, das Universum ist irgendwie so etwas Höheres. Nee, ich brauche das konkreter: Mit Maria, Jesus und Gott, mit diesen dreien, möchte ich auf alle Fälle weiterleben. Das ist die Hauptsache. Die genaue Differenzierung der drei ist nicht so wichtig, da fängt man schnell an, sich zu widersprechen. Das Wichtige ist jetzt erst mal, dass ich mit ihnen meinen Frieden habe, dass ich wieder Kontakt habe und sie bitten kann, mich vor weiteren Schlägen dieser Art hier zu bewahren. Und dass ich geliebt werden will. Und dass ich mich selbst lieben will. Und dass ich mich nicht mehr bestraft fühlen möchte, weder von anderen noch von

## Sich nicht im schizophrenen Gedankenwald verirren!

mir selbst. Das will ich einfach nicht. Dass ich jetzt Krebs habe, gut, das ist scheiße. Wer da was verbockt hat, weiß ich nicht, warum das so ist, weiß ich auch nicht. Aber es handelt sich nicht um eine Bestrafung, vor allen Dingen nicht um eine Selbstbestrafung. Wenn ich das begreife, kann ich mich auch in die Hände von Jesus, Maria und Gott begeben. Diesen Schritt muss ich für mich gehen. Ich bin nicht stark. Ich will mich lieber fallen lassen. Ich muss nur aufpassen, dass ich mich dabei nicht in diesen schizophrenen Gedankenwald verirre, der auf der einen Seite so angenehm schimmert und auf der andern Seite nur Dornen hat. Denn egal, wie ich mich darin bewege, ich bin immer auf der falschen Seite: Über das Schöne kann ich mich nicht richtig freuen, weil ich immer an die Dornen denke, und wenn ich bei den Dornen bin, dann bleibt nur die Sehnsucht nach dem Schönen.

Und Dienstag oder Mittwoch kommen dann die Ergebnisse von den Histologen. Da erhoffe ich mir vor allem, auf der Zeitskala ein wenig zurückblicken zu können, wann denn das Wachstum dieser Krebszellen begonnen haben könnte. Ich fände das schön, darüber ein paar Infos zu bekommen, damit man nicht nur im Dunkeln rumstochert. Aber vielleicht kriegt man da auch nix raus.

Mein großer Wunsch an Gott und Maria und Jesus ist jedenfalls, dass dieser zweite Herd eine Verbindung zu dem Obertumor hatte, dass er nicht noch etwas anderes bedeutet. Und dass ich die Chance bekomme, den Krebs mit Chemo und anderen Sachen endgültig wegzuputzen. Und dann muss man sich seelisch und körperlich sauber halten. Man kann sicher sehr viel machen, ohne gleich zum Hardcore-Vegetarier oder Voodoo-Fanatiker zu werden. Dabei nicht verkrampfen, keinen Kriegskampf draus machen, sondern das Leben lieben und mit Freude betrachten. Auch wenn ich nicht ganz gesund werde. Aber meine große Bitte ist, dass ich das, was ich mir hier vornehme, auch noch ein bisschen umsetzen kann.

Also, es gibt viele Wünsche, es gibt viele Ängste, es gibt viel Hoffnung. Hoffentlich beschützen die da oben mich jetzt. Mehr kann ich nicht sagen. Hab ja eh wieder mehr geredet, als ich geplant hatte. Jetzt schlaf ich mal ein bisschen.

MONTAG, 4. FEBRUAR

Der Tag heute war insofern schlimm, weil er keine Aktivität hatte. Nichts Schönes, aber auch nichts Blödes. Zwei, drei Trauermomente vielleicht, aber eigentlich war der Tag tot. Ich kanns gar nicht richtig beschreiben.

Heute Morgen habe ich immerhin zum ersten Mal nach der OP richtig geduscht. Danach habe ich das Pflaster abgezogen und die Narbe und die Stelle, wo der Schlauch war, mal in Ruhe angeschaut. Das hat mich schon ganz schön mitgenommen. Es handelt sich ja nicht um eine schlimme Narbe, da steht man jetzt nicht vor ästhetischen Problemen oder so. Aber als ich den Schnitt gesehen habe, habe ich mir ausgemalt, dass da in mir drin jetzt eine riesige Höhle ist. Ein schreckliches Bild war das. Außerdem bekam ich nach dem Duschen Herzschmerzen, es hat richtig gestochen. Bin schnell wieder ins Bett und war völlig fertig.

Dann begann das Frieren, ich habe eigentlich den ganzen Tag gefroren. Und mein Bauch drückte auch, weil sich mein Darm seit Freitag nicht mehr geregt hat. Die Massage, die ein bisschen helfen sollte, war zwar toll, aber danach war ich irgendwie geladen. Ob ich gefrühstückt habe, weiß ich gar nicht mehr, ich hatte überhaupt keinen Hunger. Das Mittagessen konnte ich noch nicht einmal ansehen. Als Professor Kaiser kam und mit mir über die Histologieergebnisse sprach, die ja morgen oder übermorgen kommen sollen, begann das Grauen erst richtig. Natürlich stelle ich mich mal wieder an. Natürlich will ich, dass er nur Gutes berichtet. Ich spiele enorme Kraftreserven vor. Aber das bringt ja alles nichts. Ich habe keine Kraft. Man weiß nicht, was das alles bedeutet und was da alles kommt. Und ob man's packt oder nicht.

Heute tat mir auch alles viel mehr weh als die Tage zuvor. Das viele Liegen im Bett, der Rücken, Bauchschmerzen, das Herz sticht – ich habe mich grauenhaft gefühlt. Weil ich weiter gefroren habe, hat man mir noch eine zusätzliche Decke gebracht. Half aber nichts. Und ich dachte, ich muss jetzt unbedingt Fieber messen, habe mich ein bisschen reingesteigert, als die Schwestern nicht sofort gerannt kamen. War aber nix. Das versteht man eben nicht: Man hat Schüttelfrost, aber Fieber hat man keins. Na ja. Zwischendurch bin ich immer wieder in so eine komische Starre gefallen. Ich habe mich wie abgestorben gefühlt.

Aino kam irgendwann und brachte leckere Sachen mit, Säfte und Obst, aber bis auf eine halbe Kaki habe ich nichts runterbekommen. Stattdessen habe ich gemeckert, dass sie die Hausschuhe nicht dabeihatte, die sie mir mitbringen wollte. Sie hätte die Schuhe doch heute Morgen kaufen können, als sie warten musste, bis der Theaterfundus aufmacht, habe ich gesagt. Da war sie natürlich genervt, hat sich wieder angezogen und ist einfach los. War natürlich völlig absurd, diese Idee, weil der Fundus doch gar nicht in der Stadt liegt, und bis sie da rein- und wieder rausgefahren wäre – totaler Quatsch. Sie war zu

Recht sauer. Aber es passiert eben immer wieder, dass man sich so ungerecht verhält, irgendwie auch eifersüchtig wird. Man erträgt diese Momente nicht, wo man denkt, man gehört nicht mehr so richtig dazu.

Dann kam Aino trotzdem wieder, hatte schöne Schuhe gefunden und mir auch einen Schlafanzug zum Wechseln gekauft. Total lieb. Am Anfang war die Stimmung noch etwas angespannt, aber irgendwann wurde es besser. Sie schlug vor, einen kleinen Spaziergang zu machen. Erst wollte ich nicht, aber dann sind wir doch den Gang langgelaufen, bis ganz nach hinten und wieder zurück. Das ist eine ganz schöne Wegstrecke, und manchmal musste ich auch kurz innehalten. Aber Aino war ganz ruhig und sagte nur, komm, geh langsam, bleib ganz ruhig. Das hat gutgetan, weil man sich ja wahnsinnig konzentrieren muss, um diese paar Schritte hinzukriegen. Als wir wieder im Zimmer waren, habe ich gleich den Weg zum Klo gewagt. Diesmal hat's geklappt. Es ist verrückt, wie man sich plötzlich freut, bloß weil man wieder scheißen kann. Und Aino hat sich mitgefreut, obwohl auch sie heute wohl hundekaputt ist. Man sieht es auch, sie hat so ein paar Ränderchen unter den Augen, aber ich finde, sie sieht trotzdem sehr schön aus.

Irgendwann wollte ich dann sogar etwas essen, irgendeine Kleinigkeit, auch damit ich die Tabletten besser runterkriege. Dann kam aber nix. Aber statt mich aufzuregen, bin ich einfach noch einmal aufgestanden, rausgegangen und habe geschaut, wo mein Essen bleibt. Da freue ich mich ein bisschen über mich. Weil ich mir gesagt habe, ich muss mich jetzt nicht wieder ärgern und aufregen. Sondern wenn keiner kommt und man denkt, ich muss aber jetzt ganz schnell etwas essen, dann macht man sich eben selbst auf die Suche nach dem Wurstbrot. Auch wenn's etwas mühsam ist.

Als Aino gegangen war, habe ich ein bisschen rumtelefoniert, Leute, die mir auf die Mailbox gesprochen hatten, zurückgerufen. Viele, viele Leute, die sich Sorgen machen, mir die Daumen drücken, mir Mut machen – das ist schon toll. Besonders das Telefonat mit Peter Zadek war schön. Der war ja auch sehr krank die letzten Jahre. Ich habe ihn gefragt, was er denn gemacht habe, wenn er Angst bekommen hat. Er sagte, er sei einfach in so eine Art Schlaf gefallen, habe sich in einen Halbschlaf begeben, so hat er sich ausgedrückt. Alle drum herum seien besorgt gewesen, weil sie gedacht hätten, er trete schon in das andere Reich über, aber für ihn sei das wie eine Therapie gewesen. Und natürlich habe ihm seine Frau geholfen. Und viele liebe Menschen in der Klinik. Da sei er gesund geworden. Und jetzt plane er seine neue Produktion.

Tja, das ist schon toll, das hat mir ein wenig Mut gemacht. Mal mit jemandem zu reden, der die Chemo und all die Sachen schon hinter sich hat. Das sollte ich vielleicht öfters tun. Aber irgendwie hält das nicht vor. Zumindest heute nicht: Mein Herz ist nicht okay, mir tut einfach alles weh. Und jeder Optimismus, jeder Funke von Aktivität in mir sind einfach verschwunden.

Jetzt ist es schon spät am Abend, und ich habe mir eine Angstwegnehm-Tablette gegönnt, weil ich finde, ich muss nicht, kurz bevor die Ergebnisse aus der Histologie kommen, den starken Mann markieren. Im Moment bin ich es einfach nicht. Aber ich habe mich doch noch aufgerafft, ein bisschen in diesem Beuys-Buch zu lesen, der Titel lautet »Christus denken«. Es enthält dieses In-

terview mit Pfarrer Mennekes, der stellt gute Fragen, und Beuys antwortet in einem exzellenten Sprachstil, in ganz präzisen Formulierungen, wirklich bewundernswert. Da geht es natürlich auch um den Begriff des Leidens. Aber diesmal bin ich besonders an der Stelle hängen geblieben, wo Beuys sich mit der Kritik an seiner Idee des erweiterten Kunstbegriffs auseinandersetzt, also mit der Kritik an seinem berühmten Satz »Jeder Mensch ist ein Künstler«. Damit habe er natürlich nicht gemeint, dass jeder Mensch ab jetzt malen, schreiben oder musizieren solle. Er habe vielmehr sagen wollen, dass man den Begriff der Kunst auf jede Tätigkeit des Menschen beziehen sollte, dass man jede Arbeit kreativ angehen sollte und da etwas Großartiges entstehen könne. Und als er nach der möglichen Bewertung gefragt wird, sagt er halt, man solle vor allem loben und nicht immer gleich urteilen, man solle positiv reden und nicht immer gleich werten. Ich zitiere das jetzt lieber mal, weil ich das so wichtig finde:
»Ein Begriff von Schönheit, der sehr abgegriffen ist, der keinen Boden hat, der steht dem erweiterten Kunstbegriff oftmals auch im Wege. Ich will einfach mal von ihm sprechen und nicht sagen, das soll nicht sein und das soll sein, das ist schlecht und das ist gut. Dann komme ich ja wieder in so ein Urteil hinein, in ein Verurteilen. Im Gegenteil, man soll ja alle ermutigen, alle. Das ist wichtig. Man soll allen sagen: Was du machst, ist gut, ist eine prima Geschichte, aber da kann natürlich noch was ganz anderes draus werden. Das heißt, das lässt sich noch erweitern.« Und jetzt kommen die Sätze, die mich so beeindruckt haben: »Immer positiv reden, nicht urteilen. Manchmal muss man natürlich auch ein paar harte Worte sagen, aber nach Möglichkeit soll man sich davor hüten.«

Wenn man alleine das schon mal ernsthaft angehen würde, wenn man diese Urteils- und Bewertungsmaschine abschalten könnte, wäre doch schon viel gewonnen. Klar kann man jetzt auch nach den komischen Elementen und Fehlern im Denken von Beuys suchen. Habe ich ja auch schon öfters gemacht, da mir Beuys mit seinem Rudolf-Steiner-Kram an vielen Stellen auch suspekt ist. Vielleicht hätte

## Die Urteils- und Bewertungsmaschine abschalten!

es Beuys ja auch Spaß gemacht, mit mir zu fighten. Aber das ist anmaßend, und ich möchte im Augenblick eigentlich jedem Konflikt aus dem Weg gehen. Auch dem Konflikt mit einem Toten und seinen Gedanken. Es ist doch viel besser, sich die Großzügigkeit dieses Gedankens mal bewusst vor Augen zu führen. Immer positiv reden, nicht urteilen — das ist doch ein wunderbarer Gedanke, den absolut jeder verstehen kann. Und auch jeden Tag versuchen kann, danach zu leben.

So, jetzt schlafe ich mal. Nicht ohne an den tollen Spruch von Meister Eckhardt zu denken, den mir heute eine liebe Freundin geschickt hat. Meister Eckhardt sagt da: »Wenn du deinen Frieden gemacht hast, sind die Dämonen, die dich umgeben, in Wirklichkeit Engel.« Jetzt bin ich schon fast so weit wie mein Vater und sammele Sinnsprüche! Aber egal, es ist was dran an dem Spruch. Auch wenn ich gerade selbst nicht wage, diesen Frieden zu machen. Weder mit der Welt noch mit mir. In gewisser Weise wünsche ich mir, dass ich die Kraft dazu hätte. Mein Papa hat am Ende, als er mit seinen letzten Atemzügen so langsam wegflog, diesen Frieden gefunden. Das war sehr schön. Das hat er echt wunderschön gemacht.

Aber auf der anderen Seite möchte ich eben gerne noch lange leben. Und da habe ich Angst, dass Frieden zu schließen bedeutet, sterben zu müssen. Da will ich lieber noch einige Höllenkreise durchsteigen, um weiterzuleben. Mein Gott, was rede ich da jetzt? Höllenkreise? Das ist jetzt, glaube ich, schon sehr komisch. Na, ich höre mal auf. Gute Nacht.

DIENSTAG, 5. FEBRUAR

Heute war ein toller Tag, auch weil ich damit gestern in diesem Gefühl des Abgestorbenseins überhaupt nicht gerechnet hatte. Heute, genau eine Woche nach der Operation, bin ich um sechs Uhr aufgewacht, war wieder ziemlich nass geschwitzt, auch etwas erschöpft und verschmerzt, aber eigentlich ging es gut. Den Weg ins Bad habe ich ohne Probleme geschafft, das Duschen war auch nicht mehr so anstrengend wie beim ersten Mal. Dann bin ich von einem Zivi zum Röntgen abgeholt worden, und das war schon der erste Höhepunkt des Tages: Dieses Rumgefahrenwerden im Rollstuhl hat mir richtig Spaß gemacht, und die Röntgenaufnahme ist wohl auch klasse geworden. Jedenfalls sagte Professor Kaiser, es sehe alles bestens aus. Solche Nachrichten sind natürlich schön.

Als ich vom Röntgen zurückkam, war das Frühstück schon da, die Sonne schien, ich habe mir diese CD mit Vladimir Horowitz angehört, die mir Aino besorgt hatte, dabei gefrühstückt und den »Tagesspiegel« gelesen. Richtig genossen habe ich das.

Dann kam so gegen zehn Uhr der Onkologe, den mir Peter Zadek empfohlen hatte, um mit mir über die Chemotherapie zu sprechen. Er wirkte sehr sympathisch und hat sich gleich zu mir aufs Bett gesetzt, wir haben ein bisschen dies und das geredet, und dann hat er mir ein paar genauere Informationen zur Chemo gegeben. Er meinte, es sei absolut wichtig, dass ich sie mache. Und er hält wohl nicht viel von dieser dendritischen Zelltherapie, die ich in Wien machen will, hält wohl auch nicht viel von Mistelpräparaten oder anderen Natursachen, das würde nichts bedeuten, nichts bringen. Ich habe ihm dann versucht klarzumachen, dass es mir aber etwas bedeutet. Die Chemo muss ich machen, das weiß ich, aber ich möchte sie auf alle Fälle noch begleiten. Wenn mich das anspornt und ich das Gefühl habe, ich tue mir etwas Gutes, dann ist das auf keinen Fall schlecht, finde ich. Da bin ich mit dem Onkologen also nicht ganz auf einer Wellenlänge, aber insgesamt war das Gespräch klasse.

Nach der Massage habe ich Aino, meine Cousine Marion und ihren Mann Michael in der Cafeteria besucht. Stolz bin ich mit Bademantel losgestapft, natürlich auch, um zu zeigen: Guckt mal, ich kann schon laufen, ich hole euch jetzt ab. Auf dem Weg dorthin begegnete mir eine etwas merkwürdige Frau, die ein Betttuch in der Hand hielt, so als sei sie unterwegs zu irgendeinem Wellness-Bereich. Ich weiß noch, dass ich dachte: Aha, die ist ein bisschen schräg. Als ich mit den anderen dann zurück aufs Zimmer kam, beschimpfte mich eine der Putzfrauen: »Sie können doch hier nicht die Tür auflassen! Sind Sie verrückt geworden? Da war gerade eine Frau bei Ihnen im Zimmer, die ist verwirrt und ist hier herumgeirrt.« Da war also diese Frau mit dem Betttuch in der Hand in mein Zimmer gegangen. Was sie hier gemacht hat, haben wir nicht herausgefunden, jedenfalls ist nichts passiert. Das war aber nicht das letzte Mal, dass ich mit ihr zu tun hatte.

Ein paar Stunden später passierte er dann nämlich, der absolute Höhepunkt des Tages: Ich sitze hier im Zimmer und warte auf Carl Hegemann. Auf einmal geht die Tür auf und die verwirrte Frau kommt rein. Ich frage: »Hallo, wen suchen Sie denn?« Und dann wiederholt sie immer wieder einen Namen: »Herr Decker, Herr Decker, Herr Decker.« Ich sage ihr: »Herr Decker ist nicht hier.« In dem Moment taucht die Putzfrau hinter ihr auf, jagt ins Bild, zeigt auf den Boden und sagt: »Ach du Scheiße, Kacke!«

Da hatte diese Frau mir vor die Tür geschissen. Ich habe einen solchen Lachanfall bekommen, wie ich ihn mir gestern niemals hätte erträumen können. Ich habe so dermaßen gelacht, dass ich meine Narbe festhalten musste. Alles tat mir weh, aber ich konnte nicht mehr aufhören zu lachen, weil es so abstrus war, dass mir eine Patientin vor die Türe kackt und eine Putzfrau ins Bild springt und sagt: »Ach du Scheiße, Kacke.« Und dann sucht die Patientin Herrn Decker und verschwindet wieder. Unglaublich!

Die Frau wurde später verlegt, sie ist wohl durch Narkose- oder Schmerzmittel ein bisschen ins Delirium gerutscht. Aber dass sie ausgerechnet mir vor die Tür scheißt, fand ich einfach sensationell. Sie kam mir vor wie eine alte, entgleiste Anhängerin von »Chance 2000«, die mir auf diese Weise ihre Verehrung zeigen wollte. Aber wahrscheinlich war sie einfach jemand, der geschickt wurde, damit ich mal wieder richtig lache. Dieser Haufen vor meiner Tür war ja eigentlich ein Geschenk. Ich habe es jedenfalls als großes Geschenk empfunden, dass ich wieder richtig lachen konnte.

Irgendwann kam mir der Gedanke, dass das mein Vater gewesen sein könnte. Vielleicht war das echt mein Papa, vielleicht hat er gesagt: »So, Junge, jetzt musst du einfach mal richtig durchlachen. Da muss etwas ganz Absurdes her.« Die Geschichte ist auch genau seine Art von Humor, da hätte er Tränen drüber gelacht. Und plötzlich taucht wieder eine Nähe zwischen meinem Vater und mir auf. Kann sein, dass es an meiner guten Stimmung liegt, aber ich habe meinen Vater heute wieder sehr lieb. Diese Möglichkeit, wieder mal so richtig lachen zu können, diesen Moment des Optimismus, werde ich jedenfalls niemals vergessen und für immer mit meinem Vater verbinden.

Bevor diese Geschichte mit der verrückten Frau passierte, habe ich stundenlang mit Marion und Michael geredet, irgendwann ging die Tür auf und Professor Kaiser kam rein. Er hat sich fast eine Dreiviertelstunde zu uns gesetzt, und Michael hat mit ihm ein Gespräch von Arzt zu Arzt geführt. Manchmal habe ich richtige Schweißausbrüche bekommen, weil Michael ziemlich kritisch nachgefragt hat. Aber Kaiser blieb ganz gelassen, er kann sich ja auch gar nicht leisten, auszuflippen, muss seine Emotionen im Griff haben, um diese Operationen durchzustehen. Schon bewundernswert!
Jedenfalls hat Michael ihn ganz konkret nach seiner Prognose gefragt: »Wie sehen Sie das denn? Wird sich Ihr operativer Eindruck durch die Histologie sehr verändern?«, so hat er sich ausgedrückt. Kaiser meinte daraufhin, er glaube nicht, dass die Ergebnisse sehr stark von seiner Einschätzung während der OP abweichen werden, er sehe die Dinge sehr positiv. Das hat er wirklich ge-

sagt! Vor allem, dass er fast sicher ist, dass die Sache im Zwerchfell von der Lunge kommt. Das würde bedeuten, dass das zusammengehört, dass es nicht noch einen Herd gibt. Das würde auch bedeuten, dass die Chemo mehr Chancen auf Erfolg hat.

Was die Chemo angeht, war der Professor sogar der Meinung, dass sie nur eine Vorbeugungsmaßnahme sei: »Ich würde es Ihnen auf alle Fälle als Vorbeugung empfehlen«, so hat er es formuliert. Nennt sich, glaube ich, adjuvante Therapie. Das heißt also, dass man die kleinen Teilchen, die eventuell noch irgendwo rumsausen, möglichst früh erwischt. Und darauf käme es an, auf nichts anderes. Ich wäre ja froh, wenn ich die Chemo nicht machen müsste, aber es hat gutgetan, wie offen Kaiser über alles gesprochen hat.

Er hatte noch eine positive Neuigkeit für mich. Am Freitag mache er noch eine Bronchoskopie, um zu sehen, wie die Dinge verheilen. Und Mitte nächster Woche sei dann schon Abmarsch angesagt. Wenn ich wirklich nächsten Mittwoch, also zwei Wochen nach der OP, entlassen werde, dann wäre das natürlich unglaublich. Das wäre traumhaft, wenn ich nächste Woche schon wieder zu Hause vorm Kamin sitzen könnte. Wollen wir mal hoffen, aber nichts beschwören. Wir wünschen es uns.

Nachdem er gegangen war, habe ich noch ein bisschen mit Michael und Marion weitergeredet. Das war auch wunderbar, sind ganz tolle Menschen. Wie arg mich das hier getroffen hat, bleibt natürlich die Frage. Es ist auf alle Fälle ein Schlag, der eine Umüberlegung notwendig macht. Es gibt sicher noch viele Dinge, die noch nicht ausgestanden sind, wo man noch mal abwarten muss, aber das Ende zu beschwören bringt auch nichts. Das habe ich heute vielleicht gelernt.

Na gut, ich spucke jetzt große Töne. Wenn es mir morgen mit dem Darm wieder schlechter geht oder irgendetwas anderes passiert, dann werde ich bestimmt wieder genug Gründe haben, das anders zu sehen. Wie auch immer: Heute bin ich mehrmals extrem belohnt worden, nachdem ich gestern gedacht habe, es ist alles zu Ende. Dass diese Stimmungen so nah beieinanderliegen, ist etwas, was zu begreifen unglaublich wichtig ist. Man kann sich nicht herbeiwünschen, keine Angst zu haben. Wünschen kann man es sich schon, aber man kann es sich nicht herbeiwünschen, sodass es auch tatsächlich eintritt. Gestern war ich der festen Überzeugung, dass es jetzt zu Ende geht, heute hoffe ich, dass alles gut wird. Schon anstrengend alles.

Nachmittags kam noch Carl vorbei. Wir haben gemeinsam überlegt, ob ich die Johanna-Inszenierung an der Deutschen Oper nicht besser absagen sollte. Michael und Aino meinten schon, dass die Inszenierung weder zeitlich noch kräftemäßig zu machen sei. Ich selbst habe ja auch das Gefühl, frage mich, ob das tatsächlich gut ist, so schnell wieder in einer gewissen Öffentlichkeit zu stehen. Ich brauche da, glaube ich, Selbstschutzauflagen. Ich will auch nicht, dass es dann gleich wieder heißt: Ja, ja, der unverwüstliche Schlingensief ... Ich bin eben nicht unverwüstlich, ganz im Gegenteil. Außerdem habe ich gerade das starke Bedürfnis, aufs Land zu fahren, für ein, zwei Wochen ein Ferienhäuschen zu mieten und einfach Bäume zu sehen, Vögel zu hören und spazieren zu gehen. Eine persönliche Auszeit, die mir erlaubt, über diese Sache etwas nachzudenken und mich zu beruhigen.

Im Augenblick ist die Sehnsucht nach Natur so groß, dass ich die Deutsche Oper tatsächlich fragen sollte, ob sie die Johanna verschieben können. Denn ihr Angebot, die Inszenierung mit einem Monitor vom Bett aus zu machen, ist schwierig. Das hieße, ich sehe mir vom Bett aus die Proben an, telefoniere mit der Regieassistentin, und die rennt dann mit einem Mikrofon über die Bühne und erzählt, was ich gerade will. Also, ich weiß nicht ... Im Kern bin ich jemand, der auf der Bühne herumhampelt, die Leute anbrüllt und Sachen vorspielt, im Notfall mit einem Farbeimer alles zusaut. Und ich weiß nicht, was bei der Inszenierung rauskommt, wenn ich das alles nicht machen kann und stattdessen auf irgendeinem Sofa rumhänge.

Ich werde in Ruhe die Histologie abwarten und dann entscheiden. Ich finde, die Entscheidung muss davon abhängen, wie viel Zeit mir überhaupt bleibt. Wenn die Histologie sagt, na ja, Risiko, der Typ kann eigentlich davon ausgehen, dass das wiederkommt, da braucht er gar nicht mehr lange zu warten, bedeutet das für mich, bloß keine Zeit zu verlieren, zu arbeiten und zu machen. Wenn sie aber sagt, das kriegt der hin, das Ding ist gar nicht so schlimm, mit der Chemo kriegen wir es weg, dann mache ich die Oper nicht, dann erhole ich mich erst mal. Viele würden es wahrscheinlich umgekehrt machen, aber ich glaube, dass ich die Arbeit brauche, wenn es schlechte Nachrichten gibt.

Eins ist allerdings klar: Man kann nicht einfach zur Tagesordnung übergehen, auch wenn Carl vorhin meinte, wir hätten in unserer Arbeit ja immer schon mit dem Tod zu tun gehabt. Er sagte wunderbar lakonisch: Wir bringen uns auf der Bühne um und gehen nachher Pizza essen. Im besten Fall war das auch so. Aber genau da setzt der Wechsel ein. Jetzt ist etwas passiert, da kann ich im Anschluss an die Probe nicht einfach Pizza essen gehen und so tun, als sei nichts. Ich kann auch nicht auf der Bühne rumtoben und Tod spielen. Das geht nicht mehr, zumindest nicht so, wie ich das bis jetzt gemacht habe.

**Erinnern heißt vergessen.** Denn ich werde mich permanent an die Guillotine erinnern, auf der ich in der Wirklichkeit liege oder auf der ich zumindest gelegen habe. Wie das meine Arbeit verändert, weiß ich noch nicht, das muss ich eben herausfinden. Vielleicht hilft mir beim Nachdenken darüber die tolle E-Mail von Luc Bondy, die ich heute Abend bekommen habe. Er hat wohl vor Kurzem diesen berühmten Neurologen, Eric Kandel, kennengelernt. Kandel ist Entdecker dieses Proteins, das eine wichtige Funktion beim Erinnern spielt. Dieses Ding, so sagt er, ist die Erklärung dafür, dass das Gedächtnis schwimmt und man sich niemals an eine Sache exakt gleich erinnert. Vielleicht an Zahlenkolonnen, aber eben nicht an Geschichten, an Erlebnisse. Es wird immer etwas anderes draus. Da musste ich daran denken, dass ich bei der Vorbereitung für den »Parsifal« in Bayreuth bei einer Szene in das Textbuch »Erinnern heißt vergessen« geschrieben habe. Das heißt, dass jede Erinnerung eine Übermalung des Ereignisses ist und je nach Übermalung eben auch viel vergessen wird. Fragt sich, wann und wie ich die Übermalung meiner eigenen Guillotine in Angriff nehmen kann.

Als ich vorhin an meine »Parsifal«-Inszenierung denken musste, kam auch wieder die Frage nach dem Sinn des Leidens hoch. Das lässt mich nicht mehr los: Was ist der Wert des Leidens in der Welt? Und warum wird es nicht mehr wahrgenommen? Beuys sagt, dass das Leiden hörbar sei. Ich zitiere ihn jetzt mal: »Das Leiden ist ein bestimmter Ton in der Welt. Er ist hör-

## Was ist der Wert des Leidens in der Welt?

bar. Man sieht ihn wohl auch. Wer sich einmal anstrengt, solches wahrzunehmen, der sieht im Leiden ständig eine Quelle der Erneuerung. Es ist eine Quelle von kostbarer Substanz, die das Leiden in die Welt entlässt. Da sieht man, es ist wohl eine unsichtbar-sichtbare sakramentale Substanz. Wer das heute merkt, sind weniger die Menschen als die Bäume.«

Da stocke ich natürlich und denke: Ja, ja, dann geh mal zu deinen Bäumen da. Das ist mir zu esoterisch. Das ist etwas für verklemmte Weicheier, die alles so weich gespült wie möglich haben wollen, auch wenn das Leben ganz anders läuft.

Aber gut, vielleicht sollte ich mich auch mal darauf einlassen, den Bäumen zuzuhören. Ich will das nicht mehr einfach abkanzeln. Es hängt vom Standpunkt ab, vom Blickwinkel, der ständig wechseln kann. Ich wechsle zurzeit permanent meine Perspektive. Gestern dachte ich, ich stehe komplett im Wald, dann kommt ein Professor rein und sagt, er glaube so und so – und plötzlich ist der Wald ein bisschen heller. Ich möchte möglichst vieles gelten lassen. Diese ganzen Beschränkungen, so geht es nicht, es geht nur so, will ich nicht mehr. Da muss ich an dieses Bild denken, das ich heute im Traum hatte: Aino am Strand im Sonnenlicht. Das wäre mir doch früher im Traum nicht eingefallen, würde ich jetzt mal sagen. Ja, so was hätte ich mir nicht träumen lassen. Ich lasse es mir auch nicht träumen, es träumt mich. Ich werde geträumt. Und ich bin froh, dass ich so geträumt werde.

Aber ich glaube, dass ich mehr Zeit brauche. Ruhe und Zeit für all die Dinge, an denen ich früher so schnell vorbeigerast bin. Wobei ich nicht dem »Wir haben es erlebt«-Klub beitreten will, unter dem Motto: Wir waren dabei, wir haben Stalingrad mitgemacht, ein Bein ab, eine Lunge weg. Oder in einem anderen Bild: Wir haben auf der Guillotine gelegen, guckt mal, Sensation, ist nur der halbe Hals ab, wir haben noch mal Glück gehabt.
Nein, der Punkt ist: Es gibt für mich etwas zu lernen und es gibt auch etwas daraus zu folgern. Es gibt die Aufgabe, Freiheit wahrzunehmen und neu zu definieren, es gibt wohl auch zu lernen, großzügiger zu sein. Schön wäre auch, wenn ich genug Zeit geschenkt bekäme, irgendwann auch anderen Menschen helfen zu können. Vielleicht mit einem anderen Krebskranken, einem Aids- oder ALS-Patienten zu sprechen und ihm zwar nicht die Angst zu nehmen, aber zu helfen, mit diesen Schocks, mit dieser Ungewissheit umgehen zu lernen. Wenn ich wieder gesund werden sollte, will ich die Sache nicht einfach abhaken und verschreckt wegrennen, mit der Erklärung: Huch, Krebs, das ist schlimm für dich, ja, tut mir auch leid, kenn ich, aber ich kann mich leider nicht mit dir beschäftigen, weil mich das persönlich zu sehr belastet. Das wäre Selbstbetrug, das wäre total verlogen. Genauso verlogen, wie sich hinterher mit einem Champagnerglas

vor die Kameras zu stellen, auf Promi zu machen und Geld zu sammeln für irgendeine Krebsstiftung.

Das ist natürlich Quatsch: Wenn jemand Geld sammelt für jemanden, der es gebrauchen kann, oder für eine Stiftung, die etwas Sinnvolles unterstützt, dann ist es egal, ob der blöd aussieht, doofe Filme macht oder nur Scheiße im Kopf hat. Ist doch alles okay.

Ich glaube aber trotzdem, dass man mehr tun kann. Man kann versuchen, die Verblödung, mit der Krankheit, Leiden, Sterben und Tod in unserer Gesellschaft diskutiert wird, wenigstens im Kleinen ein wenig aufzuhalten. Denn gequatscht wird ja ununterbrochen, das ist ja gar nicht zu fassen, wie viel Blödsinn geredet und geschrieben wird übers Dahinvegetieren, über die Würde, die angeblich verloren geht, wenn man nicht mehr alleine scheißen gehen kann oder was weiß ich. Was sind denn das für armselige Vorstellungen von Freiheit und Würde? Man muss sich doch mal ernsthaft über den Begriff des Leidens Gedanken machen und sich fragen, was das eigentlich für ein Moment ist, an dem man wirklich leidet.

Man muss auch schauen, wie die Realität aussieht, wie denn die meisten Menschen eigentlich sterben. Man kennt ja durch die Medien fast nur die Horrorvisionen: Ersticken, Husten, aus dem Mund bluten, Bauch noch was, ein paar Totaloperationen, ein bisschen Morphium und das war es dann. Alles ganz schrecklich. Aber es sterben doch nicht alle Leute so. Das glaube ich nicht. Es kann doch nicht sein, dass jeden Abend hier in Deutschland soundso viele Menschen in der Klinik an Schläuchen hängen und nach endlosen Leidenswegen auf den Tod warten. Natürlich sind da Leute dabei, die Herzinfarkte oder Schlaganfälle hatten, klar. Aber ich kann mir nicht vorstellen, dass alle Menschen, die Krebs haben, so leiden müssen. Das muss man unbedingt viel deutlicher in die Öffentlichkeit bringen, dass das auch anders geht.

Na ja, ich werde mal schauen, wie ich all das, was ich jetzt so überlege, demnächst einbringen kann. Heute war jedenfalls ein guter Tag. Ein paar Sachen sind auf dem Weg. Das ist ja schon mal was. Und vielleicht kann ich trotzdem anschließend Pizza essen gehen.

MITTWOCH, 6. FEBRUAR

Ich wundere mich über mich selbst. Obwohl die Nachricht kam, dass die Histologieergebnisse erst am Freitag kommen, bin ich immer noch gut gelaunt. Der Lachanfall von gestern wirkt vielleicht noch nach. Ich gehe hier jedenfalls in einer Langsamkeit über den Gang, die mich eigentlich zur Verzweiflung bringen müsste. Ist aber nicht so. Stattdessen genieße ich das Gefühl, dass ich den Takt des Gehens vorgeben kann. Klar können die Leute jetzt mit mir ein Gespräch anfangen, loslatschen, und nach zwanzig Metern sind sie weg. Und ich stehe noch da und die wundern sich nur, warum ich nicht antworte. Aber das ist auch nicht schlecht. Das hat auch Vorteile.

Daher bin ich immer sicherer, dass ich die Oper absagen sollte. Nicht nur, damit ich mich erholen kann, sondern auch damit ich mehr Zeit habe, die Dimension des Ganzen hier zu verstehen. Ich weiß ja noch nicht einmal, was es ist, was ich zu verstehen habe. Muss ich jetzt erfassen, dass es in einem Jahr, oder in zwei, oder in fünf, zu Ende ist? Oder darf ich sagen, ich habe den Weltuntergang bereits hinter mir und jetzt freue ich mich darauf, dass die Blätter an den Bäumen sprießen und irgendeine Kuh

151

mir auf den Schuh kackt? Stimmung gut bis zur nächsten Katastrophe? Aber alleine um zu begreifen, wie sich der Weltuntergang angefühlt hat, brauche ich noch ein paar Wochen Ruhe und Konzentration.

Natürlich sehe ich die Johanna-Inszenierung ziemlich genau vor mir, in ganz, ganz hellen Bildern, die fast weh-tun, in dem grellsten Licht, das es gibt. Alle haben weiße Kostüme an, es ist fast niemand zu erkennen. Die Figu-ren sind ja alle Vertreter von Gesellschaftssystemen, und sobald ein System auftaucht, behauptet es zu funktionie-ren. Das heißt, es ist rein, es ist klar, es hat alle Farben in sich aufgenommen. Aber das stimmt eben nicht, die Figuren sind nur Vertreter einer verdreckten Kultur, die Klarheit und Reinheit vorgaukeln und so tun, als sei alles in fantastischer Ordnung. Und Johanna ist für mich der Schatten dieser Helligkeit, die dunkle Seite der Reinheit, ein Riesentumor, der das System und die Ordnung be-schmutzt und deshalb ausgestoßen werden muss, um die vermeintliche Reinheit der Ordnung wiederherzustellen. Die Johanna als Tumor – man muss mal überlegen, ob man in diese Richtung geht.

Also, ich denke schon, dass ich Ideen für die Inszenierung habe. Aber ich zweifele auch, weil ich Angst habe, dass al-les zu schnell geht, dass diese Ideen nur eine Bebilderung sind. Da muss ich an den Tod meines Vaters denken. Dieses Ereignis habe ich auch sehr schnell durchs Erzählen zur Geschichte gemacht, dann wurde es zu Ausstellungen in München und Zürich. Die sind gut geworden, sie haben mir auch gutgetan, aber meine Trauer war doch ziemlich schnell im Gestrüpp der Verwertungsanlage Schlingensief junior angekommen. Wenn es jetzt um mich geht, dann darf das nicht fehlen, schon aus Gerechtigkeitsgründen nicht, finde ich. Aber es darf eben nicht zu einem Zeitpunkt stattfinden, wo die Verwertungsanlage noch gar nichts kapiert hat von dem, was sie erlebt hat.

Deswegen muss der Druck, was die Johanna-Inszenierung angeht, raus. Ich muss die Oper nicht machen, um zu beweisen, dass ich da bin. Oder weil es mein Thema ist, weil ich das Geld brauche, weil so viele Leute dranhängen und so weiter. Das ist genau wie bei meinen Spaziergängen auf dem Gang. Wenn ich nicht um die Ecke komme, können die da vorne singen und machen, was sie wollen, dann scheiße ich erst noch mal jemandem vor die Tür. Dann müssen sie halt warten, bis das weggewischt ist.

DONNERSTAG, 7. FEBRUAR

Heute hat mich Patti Smith besucht, das war unglaublich schön. Sie sah klasse aus mit ihren 62 Jahren, ein bisschen wie ein edler Vogel. Sie hat mir die Mundharmonika von Bob Dylan geschenkt und viele schöne Sachen gesagt. Vor allem, dass es jetzt an der Zeit sei, zwischendurch zu sich zu sagen: Ja, ich bin da, ich komme. Damit meinte sie nicht, dass man allen zur Verfügung stehen sollte, sondern dass man auf seinen Körper hören soll. Wenn der Körper sich meldet und etwas braucht, dann sagt man: Hallo Magen. Ja, ich komme jetzt. Ich stehe dir zur Verfügung, ich komme.

Viele solcher schönen und wichtigen Sachen hat sie gesagt. Ich kann das alles gar nicht richtig wiedergeben. War natürlich manches auch ein wenig esoterisch, aber das stört mich nicht mehr. Wichtig war, dass ich eine Atmosphäre von Geborgenheit, Frieden und Ruhe gespürt habe – vielleicht weil Patti selbst schon viele Menschen verabschieden musste. Sie habe schon so viel Krankheit und Tod miterlebt, das seien alles wichtige Kapitel in ihrem Leben gewesen, aber keins habe dem anderen auch

**Einfach still sein, einfach da sein und zuhören.**

154

nur annähernd geähnelt. Ich habe vor allem das Zuhören sehr, sehr genossen. Einfach still sein, einfach da sein und zuhören. Dann hat sie mit ihrer uralten Polaroidkamera noch Fotos von Aino und mir gemacht. Eins ist lustig: Da tippt mir Aino auf die Nase, und ich sehe aus wie ein Vögelchen, das in den Himmel guckt.

Irgendwann musste Patti weinen, als sie von ihrem Mann und ihrem Bruder erzählte, die beide ziemlich jung gestorben sind. Und heute bin ich wieder an einem Punkt angekommen, wo ich alles auf mich beziehe. Wahrscheinlich liegt es daran, dass ich Angst habe vor dem histologischen Scheiß, der morgen kommt. Denn als ich die Oberärztin heute Morgen noch mal nach meinem Krebs ausgefragt habe, sprach sie von den zwei Typen, die sie da gefunden haben. Und das habe ich missverstanden und gleich gedacht, dass es eben doch nicht nur ein Ding ist, dass man zwei auf die Reihe kriegen muss. Oh Mann, ich weiß es nicht. Ich will ja stark sein, ich will da durch. Ich werde nicht so bald sterben, das weiß ich. Ich werde jedenfalls alles dafür tun, dass ich nicht so bald sterbe.

Heute Morgen habe ich zu Professor Kaiser gesagt: »Ich danke Ihnen für diese Woche.« Ein solches Kompliment habe er in seiner ganzen Laufbahn noch nie bekommen, hat er geantwortet. Das sei für ihn unglaublich toll, dass ich so etwas sage. Und dann hat er noch hinzugefügt: »Aber ich möchte das Kompliment zurückgeben. Ohne Sie wäre das gar nicht so gelaufen. Sie haben das ganz, ganz großartig gemacht, haben sich unglaublich diszipliniert verhalten, Sie haben ganz wunderbar mitgeholfen. Da gebe ich das Kompliment sehr gerne zurück.« Diese Sätze von ihm waren sehr schön, weil sie ja beweisen, dass ich mich wirklich bemühe.

Keine Ahnung, was morgen rauskommt. Die wahnsinnig nette Oberärztin, Frau Marini, hat mich heute Abend noch angerufen, um das Missverständnis auszuräumen, um mich zu beruhigen. Der würde mir morgen bestimmt nichts Neues offenbaren, es sei heute Morgen nur darum gegangen, in Bezug auf die Nachbehandlung zu beraten. Die Hauptbehandlung habe stattgefunden, sie sei super gelaufen, jetzt müsse ich mich noch ein wenig erholen, um die Nachbehandlung in Angriff nehmen zu können, damit nichts zurückkommt. Zumindest viele Jahre nichts zurückkommt, so hat sie sich, glaube ich, ausgedrückt.

So was hoffe ich eben auch sehr. Ach, ich weiß nicht. Das Problem ist, dass ich gerade wieder anfange, mit Aino zu hadern. Einfach weil ich es so schwer ertragen kann, dass sie hier ist und dann wieder weg ist. Weil ich so verzweifelt bin und denke, wenn das die letzte Zeit ist, bevor mir alle Haare ausfallen oder was weiß ich, würde ich so gerne mit ihr noch einmal so tun, als sei alles normal. Aber es ist ja nicht normal, das wissen wir ja. Ich höre jetzt auch mal auf. Gute Nacht.

FREITAG, 8. FEBRUAR

Heute kamen also die Ergebnisse, ich war sehr, sehr aufgeregt. Meine größte Fantasieangst war, dass die Tür aufgeht, Kaiser reinkommt und sagt: »Kennen Sie schon Dr. Gummihand? Der muss noch mal Ihren Bauch angucken.« Weil ich Angst hatte, dass es im Bauchraum noch einen zweiten Herd gibt. Ist aber nicht so. Kaiser kam und sagte, es gebe keinen zweiten Herd. Und dass nur eine einzige Lymphe befallen gewesen sei, eine einzige von allen, die er rausgenommen hat. Das sei minimal, aber ich müsse deswegen trotzdem nach der Chemo noch eine Bestrahlung machen. »Das können wir in Buch oder in Steglitz machen. Da gibt es ein neues Gerät, das nur die Außenkanten von allen Seiten beschießt, und dann sind Sie so sauber wie wahrscheinlich noch nie in Ihrem Leben«, sagte Kaiser.

Und dann gab es noch eine extrem gute Nachricht. Als ich ihn gefragt habe, ob er sagen könne, wann das mit dem Krebs ungefähr angefangen habe, sprach er von drei, vier Jahren. Und obwohl er ein sehr sachlicher Mann ist, der sich nicht zu irgendetwas hinreißen lässt, fügte er noch hinzu: »Ich habe voller Schrecken gelesen, dass Sie mal irgendwann gesagt haben sollen, nach Bayreuth bekämen

Sie Krebs. Ich bin ja nicht abergläubisch, aber sagen Sie so was nie wieder. Sagen Sie so etwas niemals wieder!«

Das heißt, es war wirklich die Bayreuth-Zeit, in der der Krebs gewachsen ist. Aber das ist jetzt erst einmal gar nicht wichtig. Wichtig ist, dass der Krebs nichts mit dem letzten Jahr zu tun hat, nichts mit dem Tod meines Vaters, oder mit irgendwelchen negativen Strahlen, nichts mit einer Überforderung. Diese ganzen Schwätzer mit ihrem »Ja, das darf man alles nicht machen, der ist selbst schuld« können nach Hause gehen. Es gab keine Überforderung. Alle Menschen haben Krebszellen in sich, und ob das jetzt ausbricht oder nicht, ist Glückssache. Ich hatte eben kein Glück. Aber ich kann mich mit meinem Vater versöhnen, auch mit meiner Mutter – der ganze Familienwahnsinn hat damit nichts zu tun. Dass der Krebs schon länger in mir drin ist, darüber bin ich gerade wahnsinnig froh. Das heißt, dass ich meinen Vater endlich wieder gernhaben darf. Mein Papa ist wieder dabei, er ist nicht schuld gewesen, es gibt keine Schuld, auch keine eigene.

Das ist natürlich merkwürdig. Ich könnte ja jetzt verzweifeln, toben und schreien: Mein Gott, warum bin ich nicht früher zum Arzt gegangen? Man hätte dann doch schon was sehen können!

Tja, hat man eben nicht.


Nach der Verkündigung habe ich mich gleich angezogen und bin mit Aino 25 Minuten zur nächsten Pizzeria geschlufft. Wirklich wahr, das habe ich geschafft: Ich bin zu Fuß zur Pizzeria gelaufen, 25 Minuten lang. An jedem dritten Baum musste ich kurz stehen bleiben und verschnaufen, weil die Narbe beim Laufen nach vorne ausstrahlt und es dann ziemlich wehtut. Da habe ich einfach meinen Rücken an die Bäume gepresst, und der Schmerz hat nachgelassen, das war toll. Aber das Schönste war: Ich habe heute auch Bäume gestreichelt. Ich habe sie berührt, die Blätter gestreichelt, meinen Kopf hinten an der Rinde langsam hin und her gerieben, meine Füße im Gras gespürt. Es war einfach wunderschön. Das hätte ich mir früher nie zu sagen erlaubt. Aber ich bin eben jetzt so. Ich bin jetzt auch ein bisschen esoterisch.

Jedenfalls war das ein Jahrhundertausflug für einen Spaghettiteller. Das Essen war eigentlich auch schön, aber leider war ich nicht gut genug aufgelegt, um es zu genießen. Ich kam mir ein bisschen vor wie ein griesgrämiger alter Mann, wie ein angeschlagener Löwe, der sich sagt: Ach Alter, geh doch in die Wüste, lass die Gazelle noch ein bisschen rumhüpfen. Aino muss da echt viel ertragen, aber wir werden das jetzt zusammen hinkriegen.

Im Augenblick bin ich ganz sicher, dass ich das alles schaffe. Ich werde gesund. Und vielleicht versuchen Aino und ich noch ein Kind zu kriegen. Mal sehen. Ich will nach vorne schauen. Ich will

## Ich will nach vorne schauen. Ich will nach vorne denken.

vor allen Dingen nach vorne denken. Und ich bin stolz: nicht stolz auf diese Krankheit, aber stolz auf mich. Darauf, dass ich die OP nicht vor lauter Angst verschoben habe, darauf, dass ich mich hier mit allem auseinandersetze. Mit Leben und Tod. Das habe ich zwar schon immer getan, aber jetzt ist es anders. Jetzt habe ich tatsächlich eine Art Weltuntergang erlebt, bei dem einige kleine Gebäude stehen geblieben sind. Der Rest ist Wiederaufbau, und den beginne ich gerade. Ich baue meine Stadt wieder auf, aber ich baue sie neu auf, da passen manche Gebäude nicht mehr rein, weil manche Leute in meiner Stadt nicht mehr wohnen sollen. Denen sage ich dann: »Ich laufe langsam, das ist für mich wichtig, weil ich sonst nicht denken kann. Und Sie laufen mir viel zu schnell.« Wenn die mich dann scheiße finden, dann muss mir das egal sein. Diese Freiheit, diesen Stolz zu spüren, muss ich lernen, auch wenn es manchmal noch wehtut.

Es müssen jetzt vor allem Steine vom Herzen fallen. Mein Herz muss das Gefühl bekommen, dass es sich mal wieder dehnen darf. Es darf sich wieder geliebter fühlen, sich befreit fühlen, weil es Frieden mit meinem Vater hat, weil kein Arzt kommt, der noch meinen Darm testen oder irgendwie im Bauch rumfummeln will, weil es keine Oper mehr gibt,

## Ich habe die Wunde der Welt berührt.

die mich erdrückt. Und es werden viele neue Kräfte entstehen, weil ich etwas erlebt habe, was nicht jeder erlebt. Ich habe die Wunde der Welt berührt, die Wunde des Leben-Wollens und Sterben-Müssens. Bis vor Kurzem habe ich nur über die Wunde geredet oder habe sie simuliert, indem ich irgendwelche Leute auf der Bühne oder vor der Kamera mit roter Farbe beschmissen habe. Diesmal ist der Kontakt authentisch gewesen. Und der ist hart, auch weil einem so eine Krankheit ein völlig anderes Verständnis von Zeit abverlangt.

Deswegen habe ich heute eine gute Entscheidung getroffen, glaube ich. Gestern hatte ich der Intendantin der Deutschen Oper eine E-Mail geschrieben und ihr vorgeschlagen, die Johanna um zwei, drei Monate zu verschieben. Da hat sie geantwortet, dass das leider nicht gehe. Mir fiel fast ein weiterer Stein vom Herzen. Morgen Mittag kommt zwar noch mal Carl und wird mir erklären, was sie da jetzt vorhaben, aber für mich ist klar, dass ich die Oper absagen werde. Ich mache die Oper nicht. Mich jetzt mit einer Chemo auf dem Kopf in dieses Feuer, in diese Zwangsjacke einer Institution zu werfen, ist absolut unnötig. Nachher würde ich mir nur Vorwürfe machen, die Zeit nicht sinnvoller genutzt zu haben. Denn die heilige Johanna als Tumor – vielleicht ist es so, vielleicht ist es auch nur ein müder Witz. Vielleicht wäre das nur eine müde Bebilderung statt einer interessanten Übermalung.

Jetzt habe ich also keine große Insel mehr, dafür aber viele kleine Inseln, und die müssen gepflegt werden. Ich kann das Hörspiel für den WDR fertig machen. Vielleicht frage ich mal beim WDR nach, ob ich auch etwas über die Chemotherapie machen kann. Ich kann mich mit den Aufzeichnungen hier beschäftigen, mal hören, was ich da alles gedacht habe. Und ich kann vielleicht wirklich mal ein, zwei Wochen aufs Land fahren, vielleicht kommen ein paar Freunde zu Besuch und dann filmen wir im Wald und auf der Wiese, machen Fotos, was weiß ich. Mir ist schon ein toller Arbeitstitel eingefallen: »Ich gehe mit meiner Narbe spazieren im Wald«. Damit kehre ich ins Bild zurück. Ich habe etwas verloren, jetzt kann ich mit einer Narbe wieder ins Bild zurückkehren. Und die Narbe geht spazieren im Wald. Und dann machen wir Fotos, von mir und meinen Freunden, filmen mich ohne Haare, mit der Narbe auf dem Rücken, vielleicht auch nackt, ohne Scham, aber mit

**Und die Narbe geht spazieren im Wald.**

einem gewissen Pathos, was weiß ich. Und dann gibt's Kondensstreifen am Himmel, und irgendwer sagt: »Reißverschluss, jemand macht den Himmel auf.« Das hat mir vorhin am Telefon mein Freund Jörg erzählt: Seine kleine Tochter hat heute Morgen »Reißverschluss« gerufen, als sie Kondensstreifen von einem Flugzeug am Himmel gesehen hat. Als würde jemand den Himmel aufmachen. Das ist doch großartig.

Was jetzt ansteht, ist eine Aufarbeitung, eine Aufbereitung. Man muss den Weltuntergang transformieren; dazu gehört die Ruhe, der Gedanke, aber man muss auch etwas tun dürfen. Nur muss das, was man tut, zur Situation passen. Die Oper will ja nur, dass Christoph Schlingensief irgendwelche Bilderscheiße zur Musik baut. Da würde ich mich verleugnen, da würde nichts sacken, da würde auch nichts transformiert, da würde gar nichts passieren, weil ich nicht genug Zeit hätte.

Wenn ich meine, ich muss zwei Monate durcharbeiten, dann mache ich das. Etwas tun zu dürfen ist schon wichtig. Aber den Rhythmus muss ich selbst bestimmen. Wenn ich den Rhythmus nicht selbst bestimme, dann werde ich leiden, dann werde ich nicht positiv denken, dann werde ich mich nur bestrafen. Genau!

Außerdem gibt es ja im Herbst als neue Möglichkeit die RuhrTriennale. Da kann ich machen, was ich will. Die lassen mir total freie Hand. Aber bis dahin werde ich Kraft sammeln müssen. Die bekomme ich nur, wenn ich selbst den Rhythmus bestimme, wenn ich Gedanken formuliere und in Bilder transformiere, wenn ich mich an meinem Freund Beuys weiter abarbeite, wenn ich mich mit meinen Lieblingen ausspreche, wenn ich meine Altäre aufbaue, wenn ich den Leuten, die ich verehre, huldige. Das ist der Moment, der wichtig ist: Ich huldige anderen. Ich huldige nicht nur mir.

Es ist etwas Positives in der Luft. Und es muss auch frische Luft rein, das merke ich. Die kommt gerade, die Säfte steigen. Es geht so langsam wieder los. Und es wird noch gigantische Sachen geben. Ich weiß das, ich spüre das. Es wird gigantische Sachen geben, weil ich stolz auf mich bin. Ich musste etwas sehr Hartes lernen, was zwar viele, viele andere Leute auch lernen mussten, aber was auch viele, viele Leute niemals lernen dürfen. Das muss man auch mal so sehen. Nicht als Auszeichnung, aber vielleicht als ein wenn auch schmerzhaftes Geschenk.


Jetzt ist es schon spät am Abend und ich habe mir gerade die Ouvertüre von »Tristan und Isolde« angehört. Da hat es mich komplett gerissen, ich habe am ganzen Körper gebebt und kaum noch Luft gekriegt. Ich glaube, ich sah aus wie jemand, der einen epileptischen Anfall oder einen Krampf hat. Es war unbeschreiblich, ein absoluter Rausch, ein Abheben. Und ich habe alle gesehen. Alle haben gelächelt und von oben gewunken. Mein Vater und Alfred, Richard Wagner war auch da, alle waren da. Es war wie eine Riesenwolke, wir waren alle da drin, ich schwebte nur etwas weiter unten.

Dieses Verweben von Sphären durch die Musik hat mich sehr beglückt. Meine Brust tat weh, aber es war wunderschön. Mein Gott, diese Musik ist unglaublich. Ich merke gerade, wie gerne ich weiterleben würde, auch um diesen »Tristan« noch zu inszenieren. Wie viel Spaß mir diese Arbeit machen würde. Als ich mir den Schluss der Ouvertüre noch einmal angehört habe, habe ich sogar ein wenig dirigiert und vor dem Spiegel den Spökes von früher gemacht. War auch kein Problem.

Natürlich würde ich mir die Kraft wünschen, auch die Johanna-Inszenierung machen zu können, einfach von meinem Bett aus auf den Monitor zu gucken und zu sagen: »Licht an, Licht aus, jetzt rüberdrehen, jetzt dahin, jetzt dahin.« Natürlich wäre das super, natürlich schwanke ich schon wieder. Aber im Kern weiß ich, dass es richtig ist, abzusagen. Ich muss jetzt Dinge für mich tun. Ich werde in mich reinhören, wie Patti gestern gesagt hat, etwas fühlen und mir sagen: Hör lieber weiter zu. Lass die anderen reden, der Rummelplatz bleibt geschlossen. Genau, der Rummelplatz bleibt jetzt einfach mal geschlossen.

Na ja, so sieht es heute aus. Und eine Aussöhnung wäre auch eine schöne Sache: sich weiterhin aussöhnen und versöhnen und keinen Krieg mehr führen wie früher. Da würde ich am liebsten schon wieder Amen sagen. Amen.


Und ich glaube, dass das Zeug da raus ist. So wie es aussieht, hat es bei mir noch nicht gestreut. Und ich bin nicht nur von zehn, sondern wahrscheinlich von hundert Sicherheitsleuten umgeben. Deshalb machen wir jetzt Prophylaxe. Man muss wohl nur aufpassen, dass sich die Sicherheitsleute nicht untereinander in die Wolle kriegen oder auf den Füßen rumtanzen.

Und wenn alles vorbei ist, dann werde ich gerastert bis zum Abwinken. Wenn man dann wieder was findet, dann wird halt blitzschnell reagiert. Da kriegt man alles in allem noch einige Jahre zusammen. Aber ich glaube noch nicht einmal, dass das wirklich nötig ist. Dass da jetzt noch irgendwelche Reste rumhängen, glaube ich gar nicht, aber selbst wenn: Es wird jetzt weggespült, wird verbrannt, wird ausgemerzt.

Das machen wir so. Und am Schluss habe ich eben ein Andenken auf dem Rücken, und in meiner Psyche bleibt auch etwas hängen. Aber ich werde das schon schaffen, denn ich habe ein paar ganz tolle Freunde und die Liebe Ainos. Und ich spüre, dass ich von denen da oben noch nicht ganz aufgegeben bin. Vielleicht ist das hier ja die Erfüllung meines Wunsches, etwas zu erleben, was mein Denken auf den Punkt bringt. Da geht es nicht um Bebilderung, da geht es um tiefe Ausgrabungen, um Verstrickungen, um Verwebungen. Wichtig ist, dass man die eigene Sache auf das Leid in der Welt bezieht, und dass man über die Schwierigkeiten nachdenkt, dieses Leiden als Kraft zu begreifen. Ich merke es ja an mir selbst, man will nichts anderes, als das es weggeht. Das ist ja auch absolut verständlich. Denn diese Kraft tut sehr weh, Leiden tut weh. Aber wenn es nun schon einmal da ist, muss man sich Gedanken machen, was das für eine Kraft ist und was man aus dieser Kraft machen will. Jetzt schlafen wir mal. Gute Nacht.

SAMSTAG, 9. FEBRUAR

Ich bin mal wieder nah am Wasser gebaut, nicht so sehr aus Selbstmitleid, sondern weil mir immer klarer wird, dass Aino hier Unglaubliches leistet und dass es mein größtes Glück ist, sie an meiner Seite zu haben. Ich habe bis jetzt immer gedacht, ich müsse etwas durchmachen, diese Sache hier sei eine Prüfung für mich. In Wahrheit muss ich mich mal fragen, ob es nicht Aino ist, die hier eine Prüfung macht. Das Wort Prüfung ist natürlich bescheuert, aber wenn hier jemand etwas durchsteht, dann ist es doch Aino. Wieso denn ich? Ich habe jetzt etwas, was ziemlich scheiße ist, okay. Aber es wird alles dafür getan, dass es verschwindet. Außerdem ist Aino da, sie kommt hier hin, sie liegt hier, sie hält mich im Arm, sie küsst mich, sie liebt mich, sie hilft mir. Und was mache ich? Ich kann es kaum ertragen, wenn sie irgendwann mal zur Probe gehen will. Und wenn sie wiederkommt, hat sie wieder die heulende Memme hier sitzen.
Ich habe heute Abend so geheult, dass ich gedacht habe, ich werde irre. Ich hatte Platzangst, auch weil meine Brust links total taub und hart ist. Als sei da ein Panzerteil, das in mir feststeckt. Da bekomme ich Panik und renne wie bei einem Lagerkoller rum, dann weiß ich nicht, wie es

weitergeht, wie das alles gehen soll. Das darf nicht mehr passieren, dass ich mich hier so aufführe. Schon alleine Aino zuliebe. Sie ist mein größtes Glück, das ist ganz klar, und unsere Liebe wird mich auch tragen und retten. Wir werden das gemeinsam schaffen.

Heute Nachmittag hatte ich einen Besuch, der mir auch zu denken gegeben hat. Helge Schneider kam, wir waren richtig lang spazieren und haben Kuchen gegessen. Das hätte Professor Kaiser bestimmt nicht gerne gesehen, weil er befürchtet, dass ich mich überanstrenge. Deswegen soll ich doch erst Ende nächster Woche entlassen werden. Finde ich natürlich nicht so toll.
Jedenfalls war es unheimlich nett mit Helge. Und als er weg war, habe ich mich gefragt, wie er das alles hinkriegt, wie er das schafft, sich um so viele Leute zu kümmern. Wann habe ich mich denn mal wirklich gekümmert? Nie in meinem Leben. Ich habe ein paar Mal jemanden im Krankenhaus besucht, okay. Da blieb ich eine halbe Stunde, dann war ich wieder weg. Oder ich habe meinen Vater besucht, ein bisschen erzählt, Händchen gehalten, und das war es dann. Ein echtes Gespräch gab es nicht. Ich habe niemandem beim Umzug geholfen, kein einziges Mal. Ich habe auch niemanden zu Hause betreut, der krank war. Helge hat vier Wochen die Wohnung eines erkrankten Freundes aufgeräumt, hat den Sozialdienst organisiert, mit den Ärzten geredet. Jetzt sitzt der Freund da, total geschniegelt und gestriegelt, und ist guter Dinge. Das ist Helges Verdienst. Und zwischendurch adoptiert er noch ein Kind. Bewundernswert!
Mich so um andere zu kümmern, werde ich wahrscheinlich nie schaffen, aber ich kann und muss aufhören, nur

von mir auszugehen. All diese Fragen: Wozu soll mir das dienen? Was ist das? Was meinen die damit?, sind gar nicht wichtig. Das Thema ist: Was erlebt gerade Aino? Was erlebt gerade meine Mutter oder was hat meine Mutter mit meinem Vater erlebt? Was erlebt Rosi mit Werner? Das sind alles Beziehungen, wo ich mal umdenken muss: Nicht der Leidende ist der, der eine Prüfung macht, sondern der, der auf den Leidenden trifft. Deshalb ziehen sich auch manche Leute zurück, weil dieses Aufeinandertreffen bedeutet, dass man sich über manche Dinge Gedanken machen muss, die man im Normalfall lieber wegschiebt. Oder dass man da kläglich scheitert und sich selbst nachher im falschen Licht darstellen muss. »Ach, das tut mir leid« – solche Sätze sind ja oft eine Absage an den anderen, indirekt auch an sich selbst. Es tut einem leid, weil man mit existenziellen Problemen nichts anfangen kann oder will.

Ja, das war ein ganz wichtiger Tag. Ich will, dass das wird, wir werden das schaffen. Aino ist meine Frau, und ich erfahre hier nicht alleine eine Prüfung, sondern Aino erlebt gerade etwas, was sie reifer, erwachsener macht, vielleicht auch offener für religiöse oder spirituelle Momente.

Das mag für viele Leute furchtbar klingen, aber ich kann nur sagen: Wenn man in solchen Situationen steckt, ist es das größte Glück, Momente der Emotionalität und Spiritualität zu erleben. Die ganzen Rationalisten, die behaupten, sie hätten damit nichts zu tun, sie fänden das albern – ich nehme ihnen das nicht ab. Natürlich gibt es Leute, die einfach cool rumliegen. Kompliment. Aber mich beschäftigen diese Verbindungen zur Welt über mir, sie wühlen mich auf, und ich spüre, dass da in mir wieder etwas auftaucht, was ich vergraben hatte. Und deshalb will ich diese Momente nicht missen. Warum sollte ich hier ohne Emotionen herumliegen? Da wäre ich ja schon tot. Ich will meine guten Fähigkeiten, auch meine Fähigkeiten der Autosuggestion, positiv umlenken. Nicht umlenken, sondern positiv gestalten. Den Umgang mit anderen, die Arbeit mit anderen positiv gestalten, da muss man hinkommen. Das meint Beuys auch, wenn er sagt, dass man mehr loben soll. So soll es sein. Gute Nacht.

SONNTAG, 10. FEBRUAR

Heute war ein wunderschöner Tag, ein ganz toller Tag. Unglaublich. Das ging morgens schon mit gutem Aufwachen und leckerem Frühstück los. Die Sonne schien und man sah, dass die Bäume langsam ihre Blätter ausfahren. Zu beobachten, dass der Frühling kommt, ist echt toll.

Ich habe heute auch kurz mit Kirsten Harms gesprochen und ihr gesagt, dass ich die Oper nicht machen kann. Wir haben uns darauf geeinigt, dass der Abend nach meiner Konzeption erarbeitet wird. Das heißt, ein Regieteam inszeniert nach Aufzeichnungen von mir. Dadurch bin ich nicht dabei, aber sie können zumindest ihre Premiere machen.

Dann hatte ich Besuch von Freunden, anschließend kam Kaiser und wir haben wieder eine halbe Stunde geredet. Es war noch eine andere Ärztin dabei, und während des Gesprächs zu dritt habe ich begriffen, dass er zwar ein sehr sachlicher Mensch ist – das tut mir im Moment auch sehr gut –, aber dass er auch immer wieder neu überlegt, was eigentlich der Anlass für Krebs ist. Und warum es Leute gibt, die es besser packen, und andere, die es nicht packen.

Heute habe ich vor allen Dingen darüber nachgedacht, was bei mir der Anlass war, warum ich Krebs bekommen habe. So etwas zu überlegen, einen Grund zu suchen, ist natürlich auch schwierig, aber ich bin inzwischen der festen Überzeugung, dass ich genau in der Bayreuth-Zeit eine Grenze in meinem Leben überschritten habe. Ich habe in meiner Fantasie ja schon immer ein bisschen mit der Todessehnsucht gespielt. Das ist auch okay, wenn man das spielerisch transformiert. Aber beim »Parsifal« war es eben kein Spiel mehr. Ich glaube, da ist Folgendes passiert: Ich wollte die Inszenierung so gut machen, dass ich mich von dieser Musik genau auf den Trip habe schicken lassen, den Wagner haben will. Er selbst war vielleicht abgebrüht genug und hat das abreagieren können. Aber ich glaube inzwischen, dass es sich tatsächlich um Todesmusik handelt, um gefährliche Musik, die nicht das Leben, sondern das Sterben feiert. Das ist Giftzeugs, was der Wagner da verspritzt hat. Das ist Teufelsmusik, die einen wirklich zerreißt, dann noch das Zeug mit dem Karfreitagszauber, der ja wirklich zur völligen Auflösung auffordert. Und nachher noch Nahtod, Lichtkanal: »Sterben! Einzige Gnade! ... Öffnet den Schrein, enthüllet den Gral.«

Das reicht echt. Das reicht dicke. Da bin ich ja fast so weit zu behaupten, ja, da haben die Nazis viel Spaß gehabt, das war genau deren Welt. Da konnten die alle mitmarschieren, da haben die alle gesessen und waren plötzlich ganz erregt, weil das ihre Wahrheit war. Das war ihr Ziel: irgendwann im Hinterhöfchen mit dem Benzinkanister unterm Arm und einer Zyankali-Kapsel im Maul den Tod zu zelebrieren.

Genau. Bayreuth ist wirklich ein Fascho-Laden, da wurde

einem ja sogar das Lachen verboten. Wenn ich gelächelt habe, haben die schon gedacht, sie müssten mir einen Brief schreiben, weil ich den Laden nicht ernst nehme. Da konnte ich manchmal nur noch im Sauseschritt abhauen, mich im Hotelzimmer einsperren und das Telefon aus der Wand ziehen, weil ich dachte, die rufen gleich an und schmeißen mich raus. Ein absoluter Fascho-Verein da.

Na ja. Jedenfalls dachte ich in Bayreuth plötzlich, jetzt gehe es um alles, ums Sterben, um meine Zukunft im Nichts, die aber bitte mit der höchsten Auszeichnung oder so. Was für ein Schwachsinn. Das ist einfach Quatsch gewesen. Ich habe den Hebel umge-

**Tumor als Dreck** legt, aber in einer so blödsinnigen Art und Weise, dass man nur sagen kann: Was für ein Wahnsinn. Denn es ist ja nur Dreck, der dann wächst. Es ist ja keine Blume der Schönheit oder sonst was, es ist einfach Dreck.

Bei meinem Gespräch mit Kaiser heute Morgen fragte er mich plötzlich: »Warum reden Sie von dem Tumor immer, als sei er eine Person? Das ist Dreck, das ist einfach Mist, und der ist jetzt raus. Der Dreck ist raus, Feierabend.« Das war eine gute Bemerkung von ihm, das war befreiend, den Tumor einfach als Dreck zu sehen. Als einen Dreck, der raus ist.

Klar, die Chemo und was da noch kommt ... Aber egal, das mache ich jetzt. Schluss. Wichtig ist, ich habe heute einen Schlüssel zu dieser Sache gefunden. Aino hat mir kurz widersprochen, als sie beim gemeinsamen Essen mit Carl sagte: »Na ja, jetzt hör mal auf, man muss ja nicht für alles einen Grund wissen. Für manches gibt's gar keinen Grund. Es passiert, du hast es bekommen und das war's.«

Hat sie natürlich auch recht, man muss nicht für alles einen Schlüssel finden. Vor allem nicht für diese blöde Krankheit. Da muss man aufpassen, weil es bestimmt genug Leute gibt, die das ganze Leben total klasse finden, gut gelaunt sind, alles ist bestens, und peng, bekommen sie diese Krankheit, keiner weiß, was das soll, wie das geht, warum. Aber für mich ist der Grund gerade wichtig, das hat Aino auch verstanden. Ich bin wirklich davon überzeugt, dass der Krebs bei mir mit Bayreuth zu tun hat. Kein Papa oder sonst wer, nein, es ist kein anderer, auch kein Objekt, ich bin es selbst gewesen, der diesen dunklen Kanal geöffnet hat. Ich habe ein Tor geöffnet, das ich niemals hätte öffnen dürfen. Und ich habe es jetzt dafür ganz schön dicke bekommen. Sonst hätte ich es wahrscheinlich nicht kapiert. Jetzt weiß ich aber, dass ich das Tor zulassen muss. Mit diesem Gequatsche von »Jetzt geht es um nichts anderes mehr, jetzt geht es um diese Sache und da wird jetzt gelitten und gestorben« –, damit ist jetzt Schluss. Ich habe dafür eine halbe Lunge opfern

## Mein Schutzpanzer ist geboren.

müssen, ich habe jetzt eine Narbe auf dem Rücken. Das sind alles Tatsachen, das sind alles Dinge, die man sehen, fühlen und spüren kann, man läuft langsamer, man atmet vorsichtiger und das wird mein Leben lang so bleiben. Und das ist auch gut so, weil damit mein Schutzpanzer geboren ist.

Natürlich muss ich aufpassen, dass ich nicht wehleidig werde und Wagner und sonst wen als die großen Verführer zum Tode beschimpfe. Dieses Aalen in der Verzweiflung habe ich ja mit Lust getan, das fand ich teilweise supergeil. Unter dem Motto: Ich bin einer, der jetzt aus der Verzweiflung heraus etwas Großes bewältigen muss, vielleicht auch scheitern wird, aber auf jeden Fall mutig ist und das Tor zum Tod aufreißt.

Jetzt ist Schluss damit. Es ist ganz einfach: Ich bin erregbar durch Musik, durch diese Musik von Wagner besonders, das zerreißt mich, das macht mich fertig. Und deswegen muss ich aufpassen. Das hat Christian Thielemann ja auch gesagt: »Den ›Tristan‹ dirigiere ich nicht mehr. Da stirbt man ja bei.« Das ist auch so. Als ich die Ouvertüre vorgestern gehört habe, kam ich ja fast wieder in so einen Krampf. Da schlugen meine Arme rauf und runter, da schwebte ich hier im Raum, da wurde es hell, da sah ich Gesichter von Toten, da war ich ja nicht ganz bei Sinnen. Und fand's natürlich mal wieder toll und interessant.

Heute frage ich mich: Warum muss ich das machen? Im Moment finde ich es überhaupt nicht interessant. Ich finde es überhaupt nicht interessant, mich in diesem Wahnsinn zu aalen. Wenn das nicht anders geht, dann bin ich eben nicht dafür gebaut. Dann sollen das andere machen. In der Oper finden genug beschissene Veranstaltungen statt, weil die Leute wissen oder intuitiv ahnen, dass sie da nicht zu tief reingehen sollten, weil sie sonst kaputtgehen. Zumindest bei Wagner, aber vielleicht auch bei anderen, da kenne ich mich nicht so aus.

Musik kommt jedenfalls aus einer anderen Sphäre, Musik ist wirklich göttlich. Das sagen die Indios, das sagen die Afrikaner, das sagen eigentlich alle. Nur wir glauben, sie kommt aus dem Radio. Nein, die Musik ist ein Verbindungsmedium zwischen der Erde und einer anderen

Sphäre. Und daher treten in der Musik Tod und Leben unmittelbar miteinander in Kontakt. Das reibt richtig, das vibriert, das gibt Kraft. Das kann auch Kraft rauben, aber dann macht man eben etwas falsch. Eigentlich gibt Musik den Menschen Kraft, sie beeinflusst und verändert ihn. Manchmal macht sie halt irre, dann muss man aufhören, dann muss man auf Distanz gehen. Denn dieses Irrewerden ist nicht produktiv. Da ist man doch nur einer von diesen Pseudogequälten, die dafür geliebt werden, dass sie so unheimlich an der Welt leiden und so exzentrisch und so bescheuert sind. Nein, da muss mehr Distanz her. Ich glaube zum Beispiel, dass Jonathan Meese längst tot wäre, wenn er all das glauben würde, was er da macht und sagt. Dass seine Sachen so absurd und abstrus sind, ist wahrscheinlich seine größte Lebensversicherung. Man darf eine gewisse Grenze nicht überschreiten, sonst öffnet man die Tür zur eigenen Auflösung. Ich finde, dass meine »Holländer«-Inszenierung in Manaus auch gezeigt hat, dass ich es schaffen kann, auf Distanz zu gehen. Geholfen haben mir die Hitze, der Raum mit Drehbühne, die Sambaspieler und die Trommler, die Bootsfahrt auf dem Amazonas – das waren die Dinge, die Wagner und seine Todesmusik belebt haben. Trotz solcher Sätze wie »Wann dröhnt er, der Vernichtungsschlag, mit dem die Welt zusammenkracht?« oder »Wenn alle Toten auferstehen, dann werde ich in Nichts vergehen« – das sind Sätze, das sind Sprüche. Mehr ist das nicht.

Das habe ich heute gelernt. Ich behaupte mal, jeder Mensch hat in sich selbst eine Schwelle, die er nicht übertreten sollte. Und bei jedem Menschen ist sie anders konstruiert. Der eine hat eine dicke Schicht, der andere hat eine dünne, bei dem einen ist sie höher, bei dem anderen niedriger. Wenn er anfängt, diese grundsätzliche Eigenart seiner Person durch irgendwelche Dinge zu belasten, seine Grundsätze aufzugeben – und damit meine ich nicht, morgens unpünktlich aufzustehen oder so einen Schwachsinn, nein, damit meine ich, sich selbst in seiner Eigenliebe nicht mehr wahrzunehmen –, dann kann es sein, dass irgendetwas passiert ist. Muss nicht, kann aber.

Ich glaube vor allem, dass die Wissenschaft keine Messmethode dafür finden wird, auch kein Krebsgen oder ich weiß nicht was. Sie wird sicher ihre Behandlungsmethoden verfeinern und verbessern. Das ist zweifelsohne klar, da werden hier und da noch Dinge gefunden, die man in den Menschen reinschütten kann. Aber mindestens genauso wichtig wäre, den Kranken dabei zu unterstützen, seine eigene Schwelle zu finden und zu beachten. Das ist genau der Punkt. Es geht um die Lebensqualität und Lebenszeit, die man hat und wie man die verbringt. Ich lasse den Dreck jetzt nicht mehr zu, denn ich habe noch viele Sachen vor. Ich sehe mich mit 67, mit 70, vielleicht nicht mit 80, aber ich sehe mich noch in einem gewissen Alter. Sogar mit Kindern sehe ich mich, ob die nun adoptiert sind oder nicht, und ich sehe vor allen Dingen Aino an meiner Seite und mich an ihrer Seite. Ich sehe ein Haus am See und ich sehe viele Arbeiten, die aber aus einer anderen Intuition heraus kommen, aus einer größeren Güte und Weichheit heraus. Das ist der Weg, den ich jetzt gehen will. Und ich werde diesen Weg gehen. Der Dreck ist raus, und alles, was da an Dreck meint, es müsste sich noch einmal einnisten, wird keinen Nährboden mehr finden, weil ich viel zu viele Dinge noch zu erleben habe.

Mit ein bisschen Hilfe bin ich auch wirklich in der Lage dazu, dem Dreck diesen Nährboden zu entziehen. Das habe ich heute beim Abendessen gemerkt, da kam plötzlich wieder die Angst in den Raum. Es war wie ein Windstoß, wie ein eiskalter Nebel, der um die Ecke kommen wollte. Ich bin erst nervös geworden, bin wie ein Tiger hin und her gerannt, wollte kurz rausgehen, habe ganz schnell geatmet und auch ein bisschen geweint. Aber dann habe ich Aino meinen Kopf hingehalten, sie hat ihn ganz festgehalten und mir ins Ohr geflüstert: »Wir sind in einem Haus, an einem See.« In diesem Moment habe ich an die Güte und die Mütterlichkeit Marias gedacht, an die Figur, die für mich Wärme und Liebe ist. Ich fühle mich auch teilweise wie ein Kind, das sagt, die Mama soll kommen und die Mama soll einen festhalten und streicheln und alles wird gut. Plötzlich wurde der Atem ruhig, mir wurde warm, ich fuhr irgendwie runter, das ganze System fuhr runter und meine Angst hatte sich nach drei Minuten absolut erledigt. Sie war weg.

Meine Güte, bestimmt denken manche Leute: Jetzt fängt der auch noch an zu spinnen. Aber ich habe es so empfunden. Und ich glaube, dass ich die Autosuggestivkraft, die ich besitze, auch positiv einsetzen kann. Ich bin ein Teil von dieser Natur, ich bin ein Teil von diesem Willen, wieder aufzublühen, und das werde ich auch. Ich werde aufblühen und ich werde noch viele Projekte machen, aber ohne dabei meine Selbstliebe und meine Liebe zum Leben aufzugeben. Ich darf diese Wunde, die ich jetzt habe, liebevoll umfassen, wenn ich mich einer anderen Wunde nähere. Ich muss mir nicht die Wunden der anderen aneignen, das ist Quatsch, das ist Blödsinn.

Ich weiß ab heute, wo es langgeht. Was ich im Moment

konkret tun kann, ist langsam gehen. Langsam gehen, Bäume, Tiere, Kinder anschauen und Blödsinn machen beim Kaffee und Kuchenessen. Und dann wieder weitergehen. Und die Sonne spüren. Und kurz anhalten, atmen, langsam machen. Und wenn ich mal zu schnell bin, sage ich mir: Lass dir Zeit, Alter, die Entschleunigung hat begonnen. Das ist einfach, das ist ganz einfach. Ich werde zart mit mir umgehen und schauen, wie ich meine Ängste ein wenig regulieren kann. Aber im Nichts vergehen, das habe ich nicht vor, beim besten Willen nicht. Dazu habe ich noch viel zu viel Kontakt zu dieser Erde und zu den Gedanken, die da alle noch herumkreisen. Da gibt es noch so viel zu erzählen und so viel aufzuschreiben. Das werde ich einfach durchsetzen. Das werde ich beweisen.

DIENSTAG, 12. FEBRUAR

Heute Abend hatte ich hier eine richtige kleine Abschiedsparty. Denn morgen darf ich wahrscheinlich nach Hause. Wir haben uns Pizza, eine Flasche Wein dazu bestellt und Geschichten erzählt. Antje brachte eine extrem gute Stimmung hier rein, Aino hat schwadroniert und ich habe ganz viel gelacht. Auch ein Viertelviertelgläschen Wein getrunken, das war sehr lecker. Als Antje gegangen war, haben Aino und ich noch ein bisschen hier gelegen, telefoniert, Pralinen gegessen und einen Film von Buñuel geguckt.

Jetzt ist sie nach Hause, und ich bin müde. Morgen früh findet noch einmal eine Bronchoskopie statt. Wann, weiß ich nicht. Aber anschließend darf ich wahrscheinlich nach Hause.

Also, so ist der Stand der Dinge. Und heute Abend hatte ich tatsächlich zwei, drei Momente, in denen ich überhaupt nicht dran gedacht habe, dass ich Krebs habe oder hatte oder haben könnte. Ich weiß auch nicht, es war einfach ein sehr schöner, harmonischer Abend, vor allen Dingen mit der Perspektive: Ich habe meine Wunde, ich brauche keine neue, ich liebe das Leben, ich will leben und ich werde leben und ich habe noch immens viel

Freude. Das ist einfach toll. Ein schöner Abend und bis morgen dann.

MITTWOCH, 13. FEBRUAR

Die Bronchoskopie heute Morgen hat gezeigt, dass alles gut verheilt. Das ist sehr wichtig für die Chemo, weil die ja den Heilungsprozess attackiert. Jetzt bin ich also wieder zu Hause in unserer Wohnung, liege in unserem Bett und fühle mich ganz komisch leer.
Eigentlich war es ein guter Tag. In der Klinik hat mich noch einmal der Onkologe von Peter Zadek besucht. Wir haben über die Chemo geredet, die ich wahrscheinlich auch hier in Zehlendorf machen werde. Die Zutaten fand er alle richtig. Eine Zweitmeinung einzuholen wäre eigentlich Quatsch. Irgendwann kam Frau Marini dazu und hat sich verabschiedet. Total nett, wir duzen uns jetzt auch.
Dann musste ich noch einmal zum Röntgen. Professor Kaiser wollte noch ein aktuelles Röntgenbild haben. Man hat mir das Röntgenbild in die Hand gedrückt, um es auf der Station abzugeben. Ich hatte sehr viel Respekt davor, mir die Aufnahme anzugucken. Das habe ich dann aber gemacht. Es ist halt ein großes Nichts. Da ist eine Lücke, da ist nichts mehr, und oben ist es noch ein bisschen dunkler, weil das Wasser erst mit der Zeit da reinläuft. Und die andere Lungenhälfte wird sich auch noch etwas

ausdehnen. Sich das Bild anzugucken war schon hart, da
kommt einem zu Bewusstsein, was passiert ist.

Na ja, dann habe ich angefangen zu packen, irgendwann
kam Imke und hat mir geholfen. Professor Kaiser war
zum Abschied auch noch da. Wir haben lange geredet
und er hat mir noch eine Widmung in das Buch über
seine Lungenklinik hier geschrieben: »Meinem lieben
Patienten«. Und dankt für die schönen Gespräche, die
wir geführt haben.

Das ist einfach wunderbar, vor allem wenn man an den
verkorksten Anfang zurückdenkt. Ich war kurz davor, ihn
zu umarmen. Er ist einfach ein toller Mensch und die
Gespräche mit ihm waren immer eine Bereicherung. Ich
werde ihn richtig vermissen. Mit ihm würde ich die Chemo sofort durchziehen.

Imke hat mich irgendwann nach Hause gefahren. Hier in
der Wohnung anzukommen war schön. Es ist eine tolle
Wohnung, Ainos Zimmer, mein Arbeitszimmer, mein
Schreibtisch, alles prima. In der Küche waren Blumen,
Aino hatte Osterglocken gekauft, um es schön zu machen. Das war schon ein gutes Gefühl, im eigenen Reich
anzukommen, auch weil man sich gleich etwas konzen-
trierter fühlt. Ein Krankenbett gibt's jetzt auch, das ist ein
Bett, das man rauf- und runterfahren kann. Im Augenblick liege ich aber in dem gemeinsamen Bett von Aino
und mir. Will mal ausprobieren, ob das geht, weil mir
natürlich wichtig ist, neben ihr liegen zu können.

Sie kam um halb sieben Uhr, und ich habe erst mal geduscht, weil mir kalt wurde. Dann habe ich mich in das
Krankenbett gelegt. Das war eigentlich ganz schön. Aino
hat mir eine Rindfleischsuppe gemacht, zwar nur aus der

Dose, aber sie war superlecker. Ich habe mir den Topf auf den Bauch gestellt, war ganz warm, richtig gemütlich. Später am Abend habe ich noch einen Topf Linsensuppe gegessen, ein Schokowölkchen und eine Kiwi dazu. Es war eigentlich ein guter Tag. Aber als ich dann am Küchentisch saß und meine Linsensuppe löffelte, war ich trotz der netten Stimmung mit Aino und Claudia ziemlich trantütig. Nicht benommen, aber missmutig, irgendwie leer.

Das will ich eigentlich gar nicht. Ich will nicht in so einer Versteifung landen. Da muss ich dann wieder an meinen Vater denken, der nichts mehr genießen konnte, weil er immer nur denken konnte: Es wird ja noch schlimmer, es wird ja demnächst noch schlimmer. Und es wurde ja auch schlimmer, er wurde immer blinder und blinder und konnte sich immer weniger bewegen. Vielleicht bin ich demnächst auch so drauf. Vielleicht sage ich nur noch, es ist doch alles furchtbar oder so was, und vergesse dabei die schönen Momente, die tollen Situationen, die Sonne, die vielen Freunde, die ich habe. Das kann sein. Da muss ich wirklich aufpassen.


Aber vielleicht hat es auch mit den Gesprächen mit diesen Onkologen in der Klinik zu tun. Das ist immer so schwierig für mich, ich weiß auch nicht, warum. Aber ich meine, was soll man denn

## »Wir geben jetzt volle Kanne, es gibt keine Gnade!«

denken, wenn einer da sagt: »Wir geben jetzt volle Kanne, es gibt keine Gnade.« Ja, wo sind wir denn? Keine Gnade! Meinen die, sie müssten dem Typen aus dem Sensibelchenverein unbedingt reinen Wein einschenken, weil der damit sonst nicht fertig wird? Knallharte Aufklärung zwecks Abhärtung oder was? Ich finde das völlig falsch. Ich finde, sie sollen die Chemo nicht verniedlichen, aber sie sollen sagen: Okay, wir machen das, Sie schaffen das schon und los geht's.

Dass das kein Vergnügen wird, habe ich ja nun von vielen Seiten gehört, das weiß ich doch. Aber ich meine, dafür sind doch die Ärzte da. Wenn es mir nicht gut geht, dann frage ich eben oder dann rufe ich da an oder schreie »Hilfe«, dann kann man vielleicht auch noch um irgendeine Erleichterungstablette bitten. Keine Ahnung. Ich meine, was soll ich denn jetzt machen? Man fühlt sich doch eh schon so hilflos und ausgeliefert, und dann sagen die noch hämisch: »Tja, jetzt surfen Sie nicht mehr, jetzt werden Sie gesurft. Eins kann ich Ihnen sagen: Sie werden es hassen! Diese fünf Monate werden hart, Sie werden keine Eigenständigkeit mehr haben. Das müssen Sie ertragen lernen.« Das hat einer wirklich gesagt. Da bekomme ich das Gefühl, der will mir einen Fehdehandschuh hinwerfen. Hat er ja auch, indem er so etwas laberte wie: »Ihre Todesgedanken können Sie jetzt mal vergessen. Sie werden gelb werden. Sie werden stinken. Sie werden kahlköpfig. Ihre Freunde werden sich von Ihnen abwenden. Sie werden allein sein. Wenn Sie Kinder hätten, wäre Ihnen das nicht passiert.« So was sagt der einem dann: Wenn Sie Kinder hätten, dann wäre Ihnen das nicht passiert … Was soll das? Das ist doch gestört. Er selbst habe diese Gedanken an den Tod jedenfalls komplett abgestellt. Das sei nämlich nichts, wenn man immer mit dem Tod zu tun habe, das könne man gar nicht aushalten. Da müsse man abschalten, egal ob als Künstler oder als Arzt. Ich verstehe das alles nicht. Ich meine, ich

weiß nicht, was mir der jetzt in seinem Kunstleistungs-
kurs da beibringen will. Was soll der Scheiß?
Zu allem Überfluss hat mir Aino heute noch von ihrem
Besuch bei dem Chefarzt der Onkologie erzählt. Da sagte
der zu ihr: »Ja, es wird nichts mehr so sein wie früher.
Das Leben wird sich komplett verändern.« Was denken
die denn, wer wir sind? Das ist uns doch klar, dass sich
alles extrem ändern wird. Alle sechs Wochen muss man
hin, um Bluttests zu machen, um die Leber und was weiß
ich was zu kontrollieren. Das zeigt ja schon, was die für
eine Angst haben, dass da was wiederkommt. Aber Aino
so etwas zu sagen, das klingt doch wie eine Drohung. Der
kann doch nicht hingehen und meiner Frau solche Dinge
sagen. Ich habe doch eh schon Ängste genug. Zum Beispiel Angst davor, dass mich Aino hier demnächst als was
weiß ich wen erlebt und sich verdrückt.

Na ja, eigentlich weiß ich ja, dass Aino mich liebt und bei
mir bleiben wird. Ist alles kein Grund, so rumzujammern
und rumzuschimpfen. Heute Abend haben wir jedenfalls
noch ein bisschen Fernsehen geguckt. Irgendein Film
von Monty Python kam – war aber auch nicht so lustig.
Jetzt liege ich hier in unserem gemeinsamen Bett und
mein Bauch brennt, weil ich zu flach liege. Also, so war
der Tag. Eigentlich war er gar nicht so schlecht.

FREITAG, 15. FEBRUAR

Seit gestern geht es mir überhaupt nicht gut. Das ging morgens schon damit los, dass ich nicht aufstehen wollte und nur geheult habe. Und dann gingen die Tage in einer Art und Weise weiter, die furchtbar war. Irgendwie bin ich erkaltet. Nicht müde oder kaputt, sondern richtig regungslos und steif. Ich habe auch keinen Hunger mehr. Mein Magen ist so groß wie ein Daumen, ich kriege überhaupt nichts mehr runter. Selbst die Astronautenkost nicht, die ich mir habe kommen lassen. Heute Abend hat Rosi eigentlich ganz toll gekocht. Aber auch das kriege ich kaum runter, obwohl es lecker riecht und schmeckt.

Mein Gott, wenn ich da an meinen Vater denke. Er konnte das Essen ja noch nicht einmal mehr sehen. Aber wenn er meinte, es sei alles so fad, dann habe ich ihn angebrüllt: »Das ist doch lecker. Probier doch hier noch mal. Das ist doch fein, das ist doch fein.«

Gestern habe ich wirklich wieder daran gedacht, wie man möglichst gut und schnell von der Bildfläche verschwindet, und habe mir Sterbehilfe-Seiten im Internet angeguckt. Da war mir aber glücklicherweise gar nicht wohl mit. Außerdem will ich doch nur, dass ich keine

Schmerzen habe, und das geht doch heutzutage mit dieser Palliativmedizin, das ist auch religiös völlig in Ordnung. Aber wenn man immer wieder so Geschichten hört, was Krebspatienten oder HIV-Patienten angeblich durchstehen müssen – das ist doch alles unfassbar. Vielleicht ist es auch die Erschöpfung, das kann ja sein, sicherlich ist es die Angst vor der Chemo. Ich habe gestern und heute viel rumtelefoniert, um eine Alternative zu finden, weil ich die Chemo auf gar keinen Fall in Zehlendorf machen will. Das ist jetzt klar. Da fühle ich mich einfach erniedrigt: »Keine Gnade« ... »volle Kanne« ... »Sie werden jetzt gesurft« ...

Nein, so geht das nicht! Und wenn ich jetzt überlege, wie ich aus diesem Leben verschwinden kann, dann hat das nichts mit einer Liebe zum Tod zu tun, im Gegenteil, im absoluten Gegenteil. Es hat damit zu tun, dass ich das Leben leben will, aber eben nur zu bestimmten Konditionen. Das Problem ist, dass man sich diese Konditionen im Moment noch nicht einmal vorstellen kann, also auch nicht festlegen kann, weil man nicht weiß, was bei der Chemo und bei der Bestrahlung auf einen zukommt. Ach Mann, ich weiß es nicht. Ich bin einfach hin und her.

Man hat natürlich an drei Baustellen gleichzeitig zu tun. Die eine ist: Ich bin 47 und dachte, es gehe jetzt so weiter – stattdessen wird man komplett rausgerissen aus seinem normalen Leben. Die zweite Baustelle ist: Man

## Ein Horrorgemälde hängt an der Wand.

muss die Operation verdauen, sich aber gleichzeitig schon mit dieser Chemo beschäftigen, die als Horrorgemälde an der Wand hängt. Und die dritte Baustelle ist natürlich die Frage: Was kommt dann?

Jemand sagte gestern, der Riss meiner Narbe am Rücken sei wahrscheinlich viel, viel kleiner als der Riss durch die Seele. Das stimmt, glaube ich. Und das Schlimme ist, dass man deshalb die guten Momente gar nicht mitkriegt. Heute Morgen zum Beispiel: Da schien die Sonne, Aino kam in mein Bett und wir haben zum ersten Mal nach der OP wieder gevögelt. Zwar nur im Stehen, weil es im Liegen noch nicht geht, das tut weh. Aber im Stehen klappte es wunderbar, war toll und superschön.

Aber dann kommt wieder diese unendliche Steifheit in mich reingekrochen, diese Unfähigkeit, irgendetwas zu machen, und ich verstehe es nicht. Ich habe das Gefühl, ich bin dem allem nicht gewachsen. Ich finde das Leben gut, aber ich habe im Moment überhaupt keinen Zugang dazu. Wenn ich doch nur wüsste, von wem und wofür ich hier einen Kampfauftrag habe. Gut, ich sage, dass ich mich selbst mehr liebhaben will. Also kämpfe ich für mich. Auf der anderen Seite sage ich mir, dass ich zu egoistisch oder zu egozentrisch war, zu viel Rambazamba veranstaltet habe. Dass ich mich nicht so wichtig nehmen sollte. Ist doch ein totaler Widerspruch.

## Alles für die Zukunft Erträumte ist ausgeträumt.

Das Schlimmste ist, glaube ich, dass alles Fiktive, alles für die Zukunft Erträumte ausgeträumt ist. Im Moment ist alles endlos real und damit komme ich nicht klar. Sich etwas auszudenken, sich etwas auszumalen, von mir aus auch Illusionen zu haben – das ist alles ein großer Glücksrausch, auch wenn ich ihn nicht immer als Glück wahrnehmen konnte. Und jetzt ist man 47 und soll denken: Sei froh, dass du lebst, und genieß jeden Tag als sei er dein letzter.

Ach, ist das alles eine Scheiße! Ist das alles eine Scheiße!

MITTWOCH, 20. FEBRUAR

Es ist viel passiert, seitdem ich das letzte Mal in das Gerät gesprochen habe. Ich weiß gar nicht, wie ich das rückwirkend alles erzählen soll, will ich auch gar nicht. Jedenfalls war jeden Tag etwas los, immer Halligalli. Ich habe viele Leute getroffen und viel, viel, viel telefoniert, immer unter unheimlichem Druck. Wie ein Gejagter führe ich mich auf, hat Aino gesagt. Das stimmt auch. Und alle wollen helfen. Aber ich begreife eigentlich gar nichts mehr. Ich bin immer nur froh, wenn ich gleich allen Leuten mitteilen kann, was wieder Tolles in Aussicht steht. Gleichzeitig habe ich in den letzten vier, fünf Tagen immer öfter daran gedacht, mich entweder halb zu vergiften, damit man mich findet und in eine Klinik einweist, oder mich so zu betäuben, dass ich nicht mehr viel mitkriege, einfach nur schlafe und abtauche, oder mich wirklich komplett wegzubeamen.

Aber heute war zum ersten Mal wieder ein ganz guter Tag. Beim Aufwachen ging es erst einmal los mit Heulen, mit diesem Gefühl der absoluten Unbegreiflichkeit. Nach einer halben Stunde habe ich Kirchenglocken gehört. Da habe ich mich aufgerafft und bin zu dieser Kirche gelatscht. Sankt Josef heißt sie, glaube ich, eine ziemlich große Kirche; und vorne am Altar stand ein alter Pastor, der gestützt werden musste, sonst wäre er umgefallen. Ein paar Nönnekes und viele alte Frauen im Rollstuhl saßen da, die um eine Schwester Julia trauerten. War also eine Totenmesse. Die Messe hatte schon angefangen, aber sie waren erst bei der Lesung, in der es natürlich auch um Jesus ging. Er habe wie diese verstorbene Schwester Julia den Menschen gedient, sein Leben lang, bis ans Kreuz. Anderen zu helfen und zu dienen sei sein Auftrag und auch der von Schwester Julia gewesen. Da schießt einem natürlich sofort die Frage durch den Kopf, ob man selbst denn ein sinnvolles Leben geführt hat, ob man seinem Auftrag gefolgt ist. Ob es nicht ein besseres Leben gewesen wäre, wenn ich mich irgendwie mehr engagiert hätte. Statt am Ende zu sagen: Ich habe vierzig Opern inszeniert. Ich weiß auch nicht, aber ich habe ein solches Bedürfnis, noch etwas Sinnvolles zu tun! Denn tief in meinem Inneren glaube ich, dass es sich noch um zwei oder drei Jahre handelt, die ich auf der Erde bin. Ist komisch, aber das spüre ich so.

Dann habe ich die Kommunion empfangen und habe Gott und Jesus und Maria um Erlösung gebeten. Schon auf dem Weg nach Hause habe ich gemerkt, dass ich ruhiger war. Zu Hause habe ich mich ins Wohnzimmer gelegt und bin entspannt eingeschlafen. Merkwürdig war das. Als wäre durch die Kommunion, durch das Empfangen des Leibs Christi wirklich Frieden in mir eingekehrt. So ist der Tag tatsächlich verhältnismäßig angstfrei abgelaufen. Und mit dieser Vorstellung von zwei bis drei Jahren habe ich zumindest eine Perspektive, wo ich mir sagen kann: Dann genieß das jetzt noch, Junge. Genieß es einfach.

Später kam mir dann in den Sinn, dass ich mich komplett verabschieden muss von meinem früheren Leben, was mir natürlich unglaublich schwerfällt. Denn ich finde doch, dass ich viele tolle Sachen machen durfte. Ich habe es oft nicht richtig genießen können, weil ich zu wenig Pausen gemacht habe, aber eigentlich war es eine großartige Zeit. Die ist nun vorbei. Im Moment habe ich das Gefühl, dass ich weggehen sollte aus Berlin, aufs Land ziehen und der Natur zuschauen sollte. Dann denke ich was, gucke Filme, lese oder höre Musik. Vielleicht pflanze ich sogar etwas, warte und schaue, und dann ernte ich. Das sind alles Ideen, die einem durch den Kopf schießen, vielleicht sind sie bescheuert, aber sie sind da.

## Was bleibt denn dann, wenn man tot ist?

Es gibt auch immer wieder den Blick auf die eigenen Arbeiten, es taucht immer wieder die Frage auf: Was bleibt denn dann, wenn man tot ist? Die Leute wenden sich ganz schnell anderen Dingen zu. Und selbst wenn ich mit meinen Sachen einige Zeit im Gedächtnis bleiben sollte – das ist doch kein Grund, solche Arbeiten zu machen. Es muss doch noch einen anderen Grund geben. Am Anfang war das ja meine Hoffnung, dass ich zu der Essenz vorstoße, dass ich einen Grund finde. Tja, jetzt habe ich einen Grund in mir selbst, aber der ist so tief, dass man kaum noch aufsteigen kann. Ach Mann, ist das alles furchtbar.

Aber es nutzt ja nichts. Es ist eben so. Wenn es tatsächlich nur zwei oder drei Jahre werden sollten, dann muss man die eben genießen. Hört sich gar nicht so schwierig an, aber wenn solche Gedanken konkret werden, ist das ganz schön komisch. Ich habe eben mal im Internet nach Häusern auf dem Land geguckt. Da stand bei einer Anzeige: »Begrenzt bis 2011, verhandelbar«. Da habe ich gleich gedacht, 2011, das geht doch wunderbar. Länger muss es doch gar nicht sein. Wenn das nicht zum Heulen ist.

Na ja, jedenfalls war heute eigentlich kein schlechter Tag, kann man sagen. Wenig reden, wenig Leute, mehr mit sich und zum ersten Mal der Gedanke, dass das Leben vor der Krankheit wirklich vorbei ist. Ob man will oder nicht, da kommt man nicht mehr hin. Man hat jetzt etwas anderes. Das ist ein neuer Weg und der muss jetzt gefunden und gegangen werden. Nicht als Befehl – das muss wachsen, aus mir rauskommen, und nicht wieder nur als Sensation, als Bonbon da rumliegen. Das muss wachsen wie bei einer Schwangerschaft.
Trotzdem bin ich neidisch auf die, die einfach so weitermachen können: Inszenieren, Premieren, Interviews, Kritiken, Auseinandersetzungen, Besetzungen, neue Auseinandersetzungen, abends noch schön was trinken und essen, dann vielleicht noch ein bisschen Familie, wenn sie es schaffen. Das ist bei mir ab jetzt leider alles anders, vielleicht auch Gott sei Dank anders, das weiß ich noch nicht. Das weiß ich eben noch nicht.
Ich erinnere mich, dass ich letztes Jahr schon des Öfteren an Rainer Werner Fassbinder denken musste. Dessen Leben hat sich am Ende immer schneller, schneller, schneller gedreht und dann ist er einfach umgefallen. Bei mir ging es auch immer schneller und ich bin auch umgefallen, aber ich lebe noch. Das ist der Unterschied. Was jetzt besser ist, weiß ich nicht.

DONNERSTAG, 21. FEBRUAR

Der Tag heute war eigentlich auch gar nicht so schlecht.
Ich bin weiterhin eher ruhig geblieben, habe nicht so
viel telefoniert und auch nicht so viel geweint. Ich hatte
sogar zwei Momente, bei denen ich wieder etwas Kraft
in mir gespürt habe. Momente, bei denen ich ein wenig
aus mir heraustreten und befehlen konnte: Christoph, du
musst essen! Steh jetzt auf! Aber das ist wirklich nicht
einfach.
Mittags kam die Atemtherapeutin. Das war interessant.
Erst habe nur ich geredet, wie ein Wasserfall. Aber sie
war klasse, weil sie meinen Redeschwall immer wieder
so wendete, dass sie ihre Sache anbringen und mir die
Funktion des Atems erklären konnte. Er sei ein stabili-
sierendes Element, auch für die Seele, meinte sie, man
könne sich selbst durchlüften durch die richtige Atmung,
sich auch einen Halt in der Welt verschaffen.
Vor zwei Monaten hätte ich das ja noch nicht einmal im
Ansatz akzeptiert, da hätte ich gedacht, das sei ballaballa.
Aber jetzt hilft mir das tatsächlich. Heute bin ich zum
ersten Mal durch die Wohnung gelaufen, von links nach
rechts, von vorne nach hinten, ohne außer Atem zu sein.
Ich glaube, dass das noch richtig gut wird. In einem

halben Jahr werde ich wissen, wie ich gehen muss: ein bisschen gestreckter, ein bisschen mehr die Schultern nach hinten, damit die Spannung und der Schmerz nachlassen. Außerdem verheilt das ja immer mehr, der Stausee links wird sicher demnächst auch nicht mehr so glucksen. Da bin ich wirklich optimistisch.

Nach der Therapiestunde bin ich nachmittags noch einmal zu einer

**»Und sprich nur ein Wort, so wird meine Seele gesund.«**

Messe in Sankt Josef gegangen, weil mir das gestern so gutgetan hatte. Diesmal musste ich ein wenig weinen, aber nur ganz leise und ganz kurz. »Und sprich nur ein Wort, so wird meine Seele gesund« – das war der Satz, bei dem ich plötzlich anfing zu weinen. Die Kommunion zu empfangen, war auch wieder gut. Mich beruhigt dieser Vorgang, für mich ist er Seelenbalsam.

Danach bin ich direkt in ein Café, habe mir ein Teilchen reingezwängt und einen Latte macchiato getrunken, ein bisschen Zeitung gelesen und in dem Buch über Engel geblättert, das mir eine Freundin geschenkt hatte. So was hätte ich ja früher auch niemals gelesen. Anschließend bin ich ein wenig durch die Straßen gelaufen und habe beim Gemüsehändler eingekauft. Für 10,16 Euro – das weiß ich noch genau. Es war vielleicht der schönste Einkauf meines Lebens. Komisch, ich habe Glück empfunden, weil ich Sellerie, Paprika, Karotten und solche Sachen eingekauft habe. Glück, aber auch ein wenig Mut. Man wird so ängstlich und schüchtern, man schämt sich fast, wenn man krank ist. Vielleicht weil man an dieser rasenden Gesellschaft nicht mehr teilnehmen kann. Da braucht es plötzlich Mut, schon alleine, um einkaufen zu gehen.

Dieser Einkauf war jedenfalls etwas ganz Besonderes. Zu Hause habe ich mir dann irgendwann Gemüsesäfte mit Leinöl gemacht, auch das war toll und hat mir unheimlich gutgetan.

Heute Abend habe ich mich erneut gefragt, warum das Leid als Währung in unserer Welt nicht richtig existiert. Das war doch früher mal anders, es gab doch Zeiten, wo man sich mit seiner Wunde nicht so verstecken musste. Zumindest hat man das Gefühl, dass die Leute sie lieber nicht sehen wollen und ihre eigene nicht zeigen wollen. Ich weiß es nicht, aber vielleicht liegt es daran, dass der Mensch sich diese Markierungen, an denen für ihn etwas Dramatisches, sein Leben Veränderndes passiert, nicht mehr erlaubt. Dass er zumindest versucht, sie im Kopf beiseitezuschieben. Für ein Kind kann diese Markierung ein Dorn unterm Fingernagel sein. Das ist der erste Moment, an dem das Kind merkt, es ist verletzbar, an dem es registriert: »Da ist was in mir, das kriege ich nicht mehr raus. O Gott, das wird nie mehr rausgehen.« Als Erwachsene wissen wir dann, dass das entweder von selbst rauswächst oder dass man es entfernen kann, aber für ein Kind ist dieser Moment fast ein Weltuntergang. Und es ist ein Moment des Leids, der schon für das Kind Anlass ist, anders zu handeln und anders zu denken, nicht unbedingt umzudenken, aber doch anders zu empfinden.
Andere Einschnitte sind natürlich, dass man verlassen wird, dass ein geliebter Mensch stirbt, dass man einen Unfall hat oder eben eine Krankheit bekommt. In der Zeitlinie sind das alles Einschnitte, aber ob der Mensch das auch wissen will, ob das Momente des Nach- und Umdenkens werden, ist eben so fraglich. »Das Leben geht weiter«,

»Lass dich nicht unterkriegen« – solche besinnungslosen Sprüche hört man doch an jeder Ecke. Deshalb ist das für mich im Augenblick auch ein bisschen schwierig mit manchen Leuten:

## Wer seine Wunde zeigt, dessen Seele wird gesund.

Sie sind entweder total betroffen, kriegen kein Wort raus, und ich merke, sie denken, um Gottes willen, der hat ja nur noch ein paar Tage. Oder sie wollen mir Mut machen durch irgendwelche Durchhalteparolen, die ich im Moment gar nicht so richtig vertragen kann.

Diese Leute haben doch auch alle ihre Einschnitte, ihre Wunden. Warum zeigen wir sie uns nicht gegenseitig? Beuys sagt: »Zeig mal deine Wunde. Wer seine Wunde zeigt, wird geheilt. Wer sie verbirgt, wird nicht geheilt.«

Ja, das ist es vielleicht: Wer seine Wunde zeigt, dessen Seele wird gesund. Denn der Krebs ist weg, aber der Einschnitt bleibt.

FREITAG, 22. FEBRUAR

Gestern Nacht habe ich einen tollen Traum gehabt. In einem Raum, der ungefähr so groß war wie unser Schlafzimmer hier, befanden sich vier, fünf Schauspieler, die die »Johanna« spielten. Aber nicht als Oper, sondern als Sprechtheater. Aino und ich waren Zuschauer und lagen auf so komischen Kissen auf dem Boden rum. Es hatte etwas von einer Off-Theater-Atmosphäre, die Schauspieler sprachen die Texte auch ein bisschen ironisch. Irgendwann entstand eine lange Pause und es passierte überhaupt nichts mehr. Da habe ich mit einem Seitenblick, ob das auch wirklich jemand hört, reingerufen: »Ja, ja, das ist der Unterschied zur Oper. Wenn es mal so richtig langweilig wird, dann ist es in der Oper immer noch schön, weil man wenigstens noch der Musik zuhören kann.«
Daraufhin grinsten ein paar von den Schauspielern, einer stand auf, hockte sich wieder hin und man sah seine Hoden baumeln. Anschließend stand ich selbst auf, hatte nur eine Unterhose an und befand mich plötzlich mitten im Raum vor einem Spiegel. Ich habe mich ganz langsam gedreht und mir meine Narbe auf dem Rücken angeschaut. Das war ein merkwürdiger Moment, ohne

jeden Ton, ein bisschen wie in einem Buñuel-Film. Vorne auf meiner linken Brust hatte ich auch eine Narbe, eine Verbrennung oder so etwas, jedenfalls war da eine rote Fläche. Sie sah aus, als hätte mir jemand irgendein Kriegsabzeichen eingebrannt, man sah noch die Glut auf der Brust. Dann habe ich ein weißes Tuch genommen, es mir wie eine Stola umgeworfen und mich darin eingewickelt. Das war dann meine Kleidung, ich sah aus wie ein alter Römer. Dann bin ich noch mal durch den Raum gegangen und habe zu einem der Schauspieler gesagt: »Das ist schon was Tolles, so ein Papa.«

Irgendwann hörte ich Geräusche, habe mich umgedreht und bin zu einem Vorhang gegangen, der sich hinter einer Tür befand. Ich habe ihn beiseitegeschoben, immer weiter, weiter – dahinter lag Aino auf dem Boden und kotzte ins Klo. Ich habe mich neben sie gestellt und auch gekotzt, Unmengen an Schaum in ein Pissoir gekotzt und dabei genuschelt: »Die Lebensmittel waren wahrscheinlich nicht gut.«

Das war der Traum. Ich weiß noch, dass ich fast stolz war, als ich aufwachte. Ich dachte: Ja, das ist meine Narbe, das ist meine Geschichte.

MONTAG, 3. MÄRZ

So, jetzt ist wieder eine lange Zeit vergangen. Ich lasse
mir heute bei einem Urologen Flüssigkeit aus den Hoden entnehmen, um zu sehen, ob Spermien vorhanden
sind, die man für eine künstliche Befruchtung verwen-
den könnte. Ist unwahrscheinlich, aber vor der Chemo
will ich das auf jeden Fall klären, weil sie ja alles abtöten
wird.
Wahrscheinlich denken viele: »Ach Gott, jetzt muss da
auch noch ein Kind her.« Selbst wenn es so wäre: Für
mich ist die Entscheidung, es doch noch zu versuchen,
ein Ausdruck der Liebe zwischen Aino und mir. Wir beide haben unsere Idee von einem Kind formuliert, und
das kann uns niemand nehmen – egal, was passiert. Vor
allem ist es ein Zeichen, dass ich das Leben liebe und
dass ich jetzt in der Lage bin, jemand anderen komplett
in den Mittelpunkt zu stellen. Das ist ein wunderschönes
Gefühl: Das Leben braucht neues Leben, und das Tolle ist,
dass man es selbst schenken kann.
Ja, gleich fahren wir los und machen das. Die letzten Tage
sind recht unspektakulär verlaufen, aber eher im Positiven als im Negativen. Die Chemotherapie hat noch nicht
begonnen, soll aber wahrscheinlich nächste Woche star-

200

ten. Dann sind schon sechs Wochen seit der Operation vergangen. Das ist aber kein Problem, weil es nach einem so heftigen Eingriff üblich ist, die Dinge erst richtig heilen zu lassen. Ich kann auch wieder auf der Seite liegen, nur das Umdrehen ist noch ein bisschen mit Schmerzen verbunden. Aber die Grundstimmung ist gestiegen und ich kann wieder spüren, dass es weitergeht und dass das Leben etwas Wunderschönes ist. Die Trauer, dass ich in meiner Freiheit und meinem Tatendrang beschnitten bin, ist zwar weiterhin da, aber es gibt viel mehr lustvolle Momente.

Eins ist klar: Wenn die Sache hier gut läuft, dann werde ich alles dafür tun, nicht zu vergessen, wer ich in den letzten zwei Monaten gewesen bin. Das darf ich nie mehr vergessen. Amen.

DIENSTAG, 11. MÄRZ

Ich habe mich endgültig entschieden, die Chemotherapie nicht in Zehlendorf zu machen. Inzwischen bin ich im Anthroposophischen Krankenhaus in Havelhöhe in Behandlung. Der Arzt dort ist trotz anthroposophischer Orientierung sehr klar und sachlich, hat vor allem überhaupt keinen Druck wegen der Chemo ausgeübt und meinte, ich solle ruhig noch ein bisschen zu Kräften kommen. Daher habe ich erst einmal mit der Misteltherapie angefangen, sechs Spritzen habe ich schon bekommen. Jetzt ist der ganze Bauch rot, aber das ist ein gutes Zeichen, weil es zeigt, dass mein Körper darauf reagiert. Doch langsam kommt auch aus Havelhöhe ein bisschen Druck. Auch sie sagen, dass man jetzt mal ein bisschen Tempo geben muss, dass man nicht zu lange warten sollte.

Ich weiß ja, dass ich diese Chemotherapie und anschließend auch die Bestrahlung machen muss. Und ich weiß auch, wie privilegiert ich bin, dass ich in diesem extrem reichen Teil der Welt lebe, wo solche Behandlungen überhaupt zur Verfügung stehen. Trotzdem merke ich, wie sehr mir das widerstrebt, dieses Gift in mich reinkippen zu lassen. Das ist doch pervers, sich das freiwil-

lig anzutun. Und dann Horrorgeschichten hier, Horrorgeschichten dort. Alle reden vom Kotzen, alle reden vom
Haarausfall, von Katastrophen und Immunschwäche, du
bist fertig, du kannst nur noch vor dich hin dämmern
oder ich weiß nicht was.

Als ich auf der Suche nach einer Alternative zu Zehlendorf war, bin ich in einer Praxis gewesen, die die Chemo
ambulant macht. Schon als ich reinkam: irgendwelche
komischen Korbstühle und bestimmt zehn Leute, die da
mit ihren Infusionsständern rumsitzen und die Chemie
in sich reinsuppen lassen. Die sitzen da fünf Stunden, der
eine mit Haar, der andere ohne Haar, Perücke schief, Perücke nicht schief. Ein Horror! Das sind doch Menschen!
Ich verstehe nicht, warum man den Krebs nicht als ganz-
heitliches Problem sieht, warum man nicht begreift, dass
man dem Patienten Kraft geben muss, auf allen Ebenen.
Man kann doch nicht einfach Senfgas spritzen und anschließend sagen: Geheilt. Und tschüss, machen Sie's
gut. Das geht doch nicht! Ich kann mir ja vorstellen, dass
man, wenn man schon zig Chemotherapien gemacht hat,
einfach sagen kann: Ja komm, Bus fahren, Stecker dran.
Aber wenn man neu im Geschäft ist, dann ist das alles
eine Katastrophe.

Ich entwickele jedenfalls gerade enorme Widerstände
gegen diese Chemo. Und ich bin mir sicher, dass es in
zwanzig, vielleicht dreißig Jahren großes Gelächter geben wird, wenn man sich daran erinnert, dass man früher Krebs mit Chemotherapie behandelt hat. Das sagen ja
auch viele Schulmediziner. Man wird irgendwann einen
besseren Weg finden, als das eh schon geschwächte Immunsystem weiter zu schwächen. Aber diese Zukunfts-
musik nützt mir jetzt natürlich auch nichts.

Inzwischen sind nicht nur die Ärzte, sondern auch fast alle meine Freunde nervös, weil sie befürchten, dass ich abspringe. Es kommen zig Anrufe und SMS und E-Mails: »Wir drücken dir die Daumen«, »Hoffentlich wird es nicht zu hart«, »Es ist nur eine Episode«, »Alles wird gut« und so weiter. Ist natürlich alles total lieb, aber im Augenblick kann ich das kaum ertragen. Bin natürlich selbst schuld: Wer am System Schlingensief beteiligt sein wollte, musste ja immer all meine Launen und Krisen ertragen und Anteil nehmen. Da durfte keiner sagen: Was hat der Typ? Der soll sich endlich behandeln lassen und mal normal werden.

Tja, das habe ich jetzt davon. Jetzt ertrage ich diese Anteilnahme und Aufmunterungen nicht, weil sie Druck erzeugen. Und weil ich wieder das Gefühl bekomme, ich müsse irgendjemand etwas beweisen. Das will ich nicht mehr. Wichtig ist, dass ich entscheide, ob ich die Chemo mache und wann ich damit anfange. Ich muss das ganz alleine entscheiden. Ja, so muss das sein.

Insgesamt bin ich ruhiger geworden. Der Draht zu Gott, zu Jesus und Mutter Maria ist da und beruhigt mich immer wieder aufs Neue. Natürlich habe ich meine Tiefs, bei denen ich traurig bin und denke: Wieso musste das passieren? Aber ich habe mittlerweile auch meine Hochs, meine kleinen Glücksgefühle. Manchmal kann ich diese Krankheit sogar als kleines Geschenk betrachten. Vielleicht ist es auch ein großes, weil es mich in eine andere Richtung lenkt. Daher bastele ich heute Abend endlich mal wieder an meiner Zukunftsvision, an meiner Afrika-Idee. Denn an der muss man wirklich arbeiten, für die muss man Argumente sammeln und auch in den Ring

steigen, aber hoffentlich nicht mehr aus Selbstverliebt-
heit, sondern aus Freude am Leben. Vor allem muss ich
meine Angst in Dankbarkeit umwandeln, Dankbarkeit
für den nächsten Tag und die nächsten Ideen, und dafür,
dass Aino an meiner Seite ist und ich an ihrer Seite sein
darf.

Jetzt mache ich mal das Licht aus und schaue, was die
Nacht bringt. Gute Nacht.

MITTWOCH, 12. MÄRZ

Heute bin ich zusammen mit Aino noch einmal nach
Zehlendorf gefahren. Aliki Marini, die Oberärztin, hatte
für uns einen Termin bei Professor Kaiser organisiert und
es war sehr, sehr schön, ihn wiederzusehen. Zwischen
uns ist wirklich eine Beziehung entstanden. Er hat mir
noch einmal klargemacht, wie wichtig diese Chemotherapie ist. Er hat mich regelrecht gebeten, sie zu machen. Havelhöhe und diesen Dr. Grah dort fand er die
absolut richtige Wahl. Das sei schulmedizinisch voll auf
der Höhe und Grah ein erfahrener Arzt, mit dem er auch
regelmäßig in Kontakt stehe. Und diese anthroposophi-
sche Medizin sei grundsätzlich eine gute Sache, weil der
einzelne Patient da stärker im Mittelpunkt stehe.
Das Gespräch mit Kaiser war also mal wieder sehr, sehr
gut und hat mir Mut gemacht. Danach waren Aino, Aliki
und ich in der Kantine Mittagessen, da hatte ich plötzlich sogar Appetit. Kaiser kam auch noch einmal vorbei
und hat sich ganz begeistert für die Widmung bedankt,
die ich ihm in das Buch mit Arbeitsfotos von mir geschrieben hatte. »Auf Wiedersehen – das ist die schönste
Drohung, die ich mir vorstellen kann«, hatte ich da unter
anderem reingeschrieben.

Nach dem Gespräch mit Kaiser tendiere ich also doch wieder dazu, die Chemo zu machen. Vielleicht fahren wir am Wochenende noch einmal kurz weg, aber ich denke, nächste Woche werde ich mit der Sache beginnen. Dann sehen wir ja, wie das wird.

Heute Nachmittag waren Aino und ich noch gemeinsam in der Stadt und haben nach einem neuen, bequemeren Bett für uns beide Ausschau gehalten, damit ich nicht immer in diesem Pflegebett liegen muss. Wir haben auch ein sehr schönes gefunden, aber es ist ein bisschen teuer, da muss man noch einmal überlegen. Dann sind wir getrennte Wege gegangen, Aino ist ins Theater, ich bin in die Wohnung und habe mit meinem Team gute Gespräche über den Laden hier geführt. Anschließend bin ich noch einmal in die Stadt gefahren, bin ins KaDeWe und habe da kräftig eingekauft: Thunfisch, Fleisch, einen leckeren Wein. Heute Abend haben Aino und ich dann mit Heißem Stein und Pfännchen ein richtiges Genießerspektakel veranstaltet. Ich hatte richtig Hunger. Ich konnte nicht so viel essen wie früher, aber viel mehr als die letzten Tage: zwei oder drei Pfännchen mit dickem Käse und Tomaten, Pommes dabei, bestimmt noch 200 Gramm Steak, plus Salat. Da habe ich schon einiges verdrückt.

Und jetzt bin ich richtig gut gelaunt. Aino arbeitet noch, will aber gleich kommen. Die Heizung knackt und nervt, aber die Grundsituation heute Abend ist gut. Ich freue mich auf den nächsten Tag und ich danke auch schon für den nächsten Tag. Ich sehe Arbeit vor mir, sehe ein Haus mit Bäumen und Wiesen, wunderschön an einem See gelegen. Da sitze ich, schaue aufs Wasser, frühstücke in der Sonne – und dann kommt Aino und hat ein Adoptivkind dabei, weil das mit einem eigenen Kind wohl nicht sein soll. Solche Bilder stellen sich ein. Also, es ist sehr positiv und geht jetzt auch so weiter. Gute Nacht und danke.

FREITAG, 21. MÄRZ

Heute ist Karfreitag, ungefähr elf Uhr abends. Die Chemo
hat immer noch nicht begonnen, weil ich mich letztes
Wochenende doch entschieden hatte, mir noch zwei,
drei Wochen Erholung zu gönnen. Daher bin ich am
Sonntag nach Warnemünde an die Ostsee gefahren, um
dort in einem tollen Hotel lecker zu essen und es mir
gut gehen zu lassen. Aino konnte nicht mit, weil sie End-
proben hatte.
Das Ganze endete dann in einem Desaster, weil ich nicht
alleine sein konnte. Es wurde von Tag zu Tag schlimmer.
Am Anfang hatte ich mir noch Mühe gegeben, bin spazieren gegangen und habe versucht, das Essen zu genießen. Dann bekam ich Schmerzen in der Brust, die Narbe
tat auch wieder weh und das Essen fand ich irgendwann
auch nicht mehr so umwerfend. Im Laufe dieser fünf Tage
bin ich dann langsam, aber sicher komplett abgestürzt,
habe kaum noch etwas getrunken, konnte nichts mehr
essen, musste stattdessen dauernd kotzen. Ich habe nur
noch völlig geschwärzt rumgelegen, Gott zum Teufel ge-
jagt und überlegt, wie ich mein Leben möglichst elegant
beenden kann. Gleichzeitig habe ich gedacht, o Gott, das
hören die jetzt da oben. Jesus kann das vielleicht ver-

stehen, aber Gott wird sagen: Was ist das denn für ein Weichei? Warum sagt der nicht einfach, dass er gerne noch sehr lange leben würde? Na, dem wollen wir es mal zeigen. Was für ein Irrsinn!

Gestern Abend kam dann Aino, da wurde es etwas besser, aber heute war ich immer noch so im Keller, dass sie mich erst kurz in die Klinik und dann nach Hause gefahren hat. Tja, jetzt liege ich wieder in unserer Wohnung und versuche, mich zu beruhigen.

Aber ich muss trotzdem sagen, diese Sache mit Gott ist echt noch offen. Würde mich sehr interessieren, warum Gott solche Radikalmaßnahmen von den Menschen fordert. Es passiert so viel Leid, dass ich mit Gott wirklich meine allergrößten Probleme habe und ihn oder Jesus bitten muss, mir das mal zu erklären. Vor allem warum man dieses Leiden überhaupt zur Währung erklären soll? Das ist doch eine Beschmerzung, die da stattfindet. Gott ist ein Schmerzsystem. Gott hat nichts mit Freude zu tun. Wenn sich jemand freut – ja gut, das soll dann auch Gott sein. Aber wenn jemand leidet, heißt es gleich: Da hat sich also Gott für ihn eine Prüfung ausgedacht. Oder: Aha, der hat wohl Schuld auf sich geladen und muss sich mehr mit Gott auseinandersetzen.

Das ist doch bescheuert. Das ist doch ein Riesenfehler dieser Religionen – nicht nur im Christentum, sondern auch im Islam –, dass die permanent diese Drohungen aussprechen: Achtung, Achtung, wehe, du machst einen Fehler! Wehe, du handelst falsch! Das ist doch alles furchtbar. Das müsste man doch ganz anders formulieren. Jedem Menschen ist doch auch ohne Gott und seine Gebote und seine Verbote klar, dass er keinen anderen

**Gott ist ein Schmerzsystem.**

töten oder verletzen soll. Aino schrie mich gestern an: »Hör auf mit dieser Schuld- und Bestrafungsscheiße und mit der ganzen Bayreuth-Rechnerei. Dann kannst du ja auch jeden Menschen in Afrika anbrüllen und sagen, du bist selbst schuld, du hast dir die Kacke hier selbst eingebrockt. Wärst du ein guter Mensch, wärst du eben nicht in Afrika aufgetaucht.«

Sie hat absolut recht. Das Gottesprinzip ist im Laufe der Jahrhunderte zu einem Prinzip der Schuld und des Leidens verkommen. Warum ist das Gottesprinzip kein Freudenprinzip? Warum denkt man nicht an Gott und preist ihn, wenn man sich freut, auf der Welt zu sein, wenn man sich freut, dass tolle Sachen passieren? Warum kommt er immer erst dann ins Spiel, wenn man feststellt: Na klasse, Familie weg und Krebs und wieder kein Sechser im Lotto. Man müsste das Gottesprinzip viel stärker als frohe Botschaft etablieren, als frohen Gedanken, als Freiheitsgedanken, als Friedensgedanken. In jedem Kopf, in jeder Religion, in jedem Wesen, überall.

Das war also mein Karfreitag. Jesus, ich denke an dich, danke allen Schutzengeln und allen, die mithelfen. Amen.

DIENSTAG, 1. APRIL

Heute bin ich zur Deutschen Oper gefahren, weil ich mal
schauen wollte, was das Regieteam aus meiner »Johanna« macht. Ende April soll ja Premiere sein.
Ich war ein bisschen nervös, aber es gab einen sehr
herzlichen Empfang und ich habe mich sehr schnell
wohlgefühlt. Was ich gesehen habe, ist schon ziemlich
schlimm. Alles so Larifari-Gänge, irgendwelcher Blödsinn, den die da zurechtzimmern. Macht mich nicht besonders an, aber es gibt schlimmere Katastrophen. Während der Probe habe ich irgendwann sogar Mut gefasst
und bin auf die Bühne gesprungen – na ja, eher langsam
hochgestiegen. Jedenfalls habe ich der Sängerin der Johanna ein paar Hinweise gegeben und sogar ein bisschen
vorgespielt. Das sah bestimmt ulkiger aus als früher, ich
war auch schneller erschöpft, aber stolz, dass ich wieder
so ein Tempo und so eine Lust am Vorspielen hatte. Fürs
erste Mal war das toll. Ich habe mich sogar einmal auf
den Boden geworfen, das ging dann doch noch nicht so
gut, aber man lernt ja dazu.
Irgendwann habe ich mich ins Foyer zurückgezogen und
mit Aino beratschlagt, was ich abschließend sagen soll.
Dann bin ich wieder rein und habe eine kleine Ansprache

vor allen Leuten gehalten. Sie kam ganz gut an, glaube ich, sie hat zumindest einen Eindruck von der Kraft hinterlassen, die ich mir für die Aufführung vorstelle. Dann sind Aino und ich noch zu einem chinesischen Restaurant gefahren, weil ich Hunger bekam. Aber als das Essen auf dem Tisch stand, war er plötzlich weg, ich habe nur fünf kleine Frühlingsrollen gegessen, mehr habe ich nicht runtergekriegt.

Seitdem ich im Theater war, in meine alte Arbeit eingetaucht bin, meine Leute wiedergetroffen habe, frage ich mich natürlich wieder, was das für eine Arbeit war, die ich bis jetzt gemacht habe. Überlege, ob und wie ich diese Arbeit unter den neuen Bedingungen weitermachen und das Erlebte sinnvoll für die Bühne transformieren kann. Vor allem frage ich mich, ob die Bühne der richtige Ort ist, um Begegnungen zwischen Menschen zu erzeugen. Vor ein paar Tagen habe ich einen Satz von Beuys gelesen, der mir zu denken gibt. Da heißt es in einer seiner Performance-Anweisungen: »Der Wärmekuchen wird hinter geschlossenem Vorhang auf die Bühne getragen, bei geöffnetem Vorhang entlädt der Wärmekuchen seine Last.« Fragt sich, welchen Vorhang Beuys meint. Den Vorhang im Theater, wo alle davorsitzen und glotzen? Wäre der Wärmekuchen nicht besser dran, wenn der Vorhang sich nicht öffnet, weil er sonst seine Wärme verliert? Oder ist es gut, wenn der Vorhang aufgeht, damit die Last sich entladen kann?
Aber bei Beuys steht nichts von Zuschauern. Also kann ich vielleicht auch sagen: »Ich bin der Wärmekuchen und ich habe Last und ich lasse sie ab, ohne dass jemand zuschaut.« Oder ich kann sagen: »Ich lasse meine Last

ab, indem ich jemanden treffe, der mir seine eigene Last zeigt.« Treffen sich zwei Wärmekuchen und lassen ihre Last ab. Der eine hilft dem anderen. Dann habe ich keinen Zuschauer mehr, sondern einen Mitarbeiter. Das ist doch vielleicht viel besser.

## Treffen sich zwei Wärmekuchen und lassen ihre Last ab.

Ich spüre, wie sehr ich mich gerade danach sehne, mit anderen Menschen Last zu teilen. Vielleicht nicht zu teilen, sondern einfach anderen Menschen mit ihrer Last zu begegnen. Ich glaube zwar, dass es sauschwer ist, solche echten Begegnungen zu erleben. Das System ist nicht nur eingefahren, sondern fast schon festgebacken. Aber man muss es versuchen. Ich will es versuchen. Deswegen muss ich mich demnächst unbedingt auf den Weg machen, auch Leute zu treffen, mit denen ich nicht irgendein Projekt machen will und die nichts von mir erwarten. Ich habe doch die Fähigkeiten mitbekommen zu sprechen, zu denken und zu beobachten. Und wenn ich diese Fähigkeiten einsetze und mich dafür bedanke, dass ich sie habe, dann kann ich mich jedem nähern. Dann kann ich zum Beispiel beschließen: Da liegt einer im Krankenhaus und niemand besucht ihn. Ich kümmere mich jetzt mal. Das ist ein Moment, der bei mir lange überfällig ist. Ich bin wahrscheinlich nicht der Typ, der den Leuten die Scheiße von den Ärschen abkratzt, aber das muss man ja auch nicht. Und wer weiß, vielleicht geht auch das irgendwann. Aber die Gabe, mit Menschen Gespräche zu führen, ohne sie zu belatschern und ins eigene System einzubauen, kann ich einsetzen und zu jemandem sagen: Ich komme ab jetzt regelmäßig, dann können wir ein bisschen reden.

Mal sehen, ob ich das schaffe, das Bedürfnis ist jedenfalls da.

So weit der Zwischenbericht am 1. April. Kein Aprilscherz, alles harte Realität. Gute Nacht.

MONTAG, 7. APRIL

So, jetzt bin ich endlich in Havelhöhe angekommen, morgen beginnt die Chemotherapie, wer hätte das gedacht. Die Klinik ist in einer alten Kaserne untergebracht, da muss man sich erst dran gewöhnen, aber die Leute sind alle sehr nett. Am Anfang gab es allerdings ein solches heilloses Durcheinander, dass ich kurz davor war, sofort wieder abzureisen. Da kam eine ziemlich junge Krankenschwester und wollte mir Blut abnehmen. Dabei hat sie sich fürchterlich ungeschickt angestellt und irgendwann nur noch rumgeflucht. Jedenfalls hat's sauweh getan und genug Blut gab's auch nicht, weil sie einfach keine Vene richtig getroffen hat. Ich komme an und werde gleich massakriert – so fühlte sich das an. Gleichzeitig sollte ich einer anderen Schwester zackzack sagen, was ich die nächsten Tage essen will. Ich dachte, ich bin im Irrenhaus gelandet, und wollte nur noch weg.
Dazu ist es dann aber dank Aino und auch dank Dr. Grah nicht gekommen, der sich schließlich ganz lieb selbst gekümmert hat. Die junge Schwester ist sehr verstört abgezogen, glaube ich. Tat mir dann auch leid, sie ist wohl noch in der Ausbildung und hatte auch Angst, aber man ist einfach sehr, sehr empfindlich in so einer Situation.

Man will ja tapfer sein, aber man braucht dafür das Gefühl, dass diejenigen, in deren Hände man sich begibt, alles voll im Griff haben.

Den Tag über habe ich Atemübungen gemacht und eine ganz, ganz tolle Massage bekommen. Ich habe mich gefühlt wie ein Kind, es war wunderbar. Und dann kam ein Psychologe, um mit mir über die Chemo zu reden, das war aber nicht so wichtig. Eine andere Psychologin wollte noch einen Termin für morgen ausmachen, das habe ich gleich abgeblockt. Zu viel Reden bringt auch nichts. Na, das sagt der Richtige …

Aino ist irgendwann heute Abend gefahren, sie muss wirklich Unmengen machen. Sie hat die Oper an der Backe, und sie hat mich an der Backe. Morgen muss sie schon wieder hier sein, weil die Chemo beginnt. Dann kam noch mal Dr. Grah vorbei und wir haben bestimmt eine Stunde miteinander geredet. Das war sehr nett, auch weil er sich ein bisschen mit Beuys und seinen Gedanken auskennt. Vor allem meinte er, ich solle ihnen hier bloß nichts vorspielen, wenn es mir nicht gut geht. Es gäbe viele Sachen, um mir zu helfen, aber dafür müssten sie halt auch wissen, wie es mir geht.

Ist ja jetzt auch alles gut. Ich schlafe jetzt mal und wünsche allen eine schöne Nacht. Danke für alles, was heute passiert ist. Und ich erbitte von allen da oben einen guten Tag. Ich wünsche mir, dass der Tag morgen ein erfolgreicher Tag wird. Wollen wir mal sehen. Das werden wir schon schaffen. Gute Nacht. Amen.

DIENSTAG, 8. APRIL

Heute hat die Chemotherapie begonnen. Sie findet in einem separaten Gebäude statt, ist alles sehr nett gemacht. Aino meinte, es sehe aus wie in einem Wellnessbereich. Man bekommt ein Zimmerchen mit einem Bett, einem Sofa und einer schönen Sitzecke zugeteilt, und dort läuft dann eine Infusion nach der anderen in einen rein. Die erste war zum Wässern der Nieren, damit die nicht geschädigt werden, die zweite war eine Mistelinfusion, die mir von Dr. Grah empfohlen wurde. Dann gab es ein Mittel gegen die Übelkeit, und erst danach lief das erste Präparat rein. Und nach dem ersten Präparat kam wieder was zum Spülen und noch was gegen Übelkeit, dann folgte das zweite Präparat und noch mal etwas zum Nachspülen.

Es ist alles gut durchgelaufen, war alles in Ordnung. Ich habe die meiste Zeit im Bett gelegen und sehr viel geschlafen. Das ist schon eine tolle Einrichtung, dass man schlafen kann. Da muss ich an meine Mutter denken, die ja berühmt dafür ist, dass sie immer in den Schlaf schaltet, wenn etwas Negatives passiert. Natürlich nicht immer zur Freude aller anderen. Aber in diesem Fall hier war es zulässig zu schlafen. Aino erzählte mir, dass ich dabei un-

218

glaublich aktiv gewesen sei. Ich habe wohl mit den Händen gefuchtelt, ganz viel gebrabbelt, auch geschnarcht. Als ich fertig war, hat mich Aino noch auf mein Zimmer begleitet, bis 19 Uhr war sie da und ist dann gefahren. Es war wunderschön, dass sie dabei war.

Heute Abend ist eigentlich alles okay. Die sogenannten Nebenwirkungen sollen eh erst in ein paar Tagen kommen. Ich denke, ich habe ein bisschen Bauchdrücken, vielleicht sind es auch nur Blähungen. Ich will mich aber jetzt nicht groß beobachten. Ich glaube, es läuft gut.

Heute Morgen gab es noch eine lustige Situation. Als ich aus der Dusche kam, schwammen meine Hausschuhe durchs Zimmer bis zur Heizung rüber. Da war alles Wasser aus der Dusche ausgetreten und in den Raum reingelaufen. Zwei Krankenschwestern kamen mit einem Gerät, um das Wasser abzusaugen, und im Laufe des Tages ist wohl auch ein Techniker gekommen, der die Sache repariert hat. Irgendwie war das verrückt: Ich stehe unter der Dusche, bemühe mich, keine Panik zu kriegen, und sage mir, sei ruhig, entspann dich und schau einfach, wie der Tag wird – und dann ist mein Zimmer plötzlich ein Schwimmbad.

Aber sonst ist alles im positiven Bereich. Die da oben, die werden organisieren, dass das hier nicht zu schmerzhaft und zu katastrophal wird. Da habe ich drum gebeten. Jetzt werde ich morgen noch mal Atemtherapie machen, übermorgen noch mal Gymnastik bzw. Massage, und dann darf ich wieder nach Hause. Mit Aino gemütlich in unserem neuen Bett zu liegen – darauf freue ich mich schon. Also, gute Nacht. Es war ein guter Tag.

FREITAG, 11. APRIL

So, jetzt ist die erste Chemo drin. Ich werde heute entlassen. Aino holt mich gleich ab und dann gehe ich mal kurz in der Deutschen Oper gucken. Da findet wohl heute ein Durchlauf statt. Alle sagen, du fehlst uns so. Wichtig ist aber, das ist und bleibt eine Fremddoper. Sie ist mit 180 000 Menschen gespickt. Selbst wenn ich da jetzt noch fünfmal auftauche, meinen Balsam abgebe und päpstlich von der Kanzel herunterwinke und denke, na ja, die da unten müssen aber noch ein bisschen üben, bevor sie in den Himmel kommen – mich gibt es dort nicht. Ich bin nicht zuständig für den Apparat da, oder für irgendeine Familie Braunfels, die am Ende nichts anderes will, als dass der Opa als Komponist endlich mal zu seinen Ehren kommt. Auch wenn sie nach meinen Aufzeichnungen inszenieren: Ich glaube an das Zusammenspiel von Menschen und von diesem Zusammenspiel bin ich ausgeschlossen. So kommt es mir vor …
Körperlich hat sich nach der Chemo eigentlich nichts Großartiges eingestellt. Ich bin vielleicht ein bisschen müde, habe aber auch Energieschübe. Meine Stimme ist etwas heiser, das liegt wohl daran, dass sich mein Pinkeln noch nicht richtig reguliert hat. Um das wieder hin-

zukriegen, habe ich aber schon eine Spritze bekommen, die kümmern sich hier wirklich großartig um alles.

Die Klinik ist überhaupt ein neues Erlebnis für mich. Es liegen fast nur alte, sehr kranke Leute hier, die unheimlich viel husten und röcheln, nach Hilfe rufen. Nachts finden auf dem Gang immer wieder lautstarke Diskussionen statt, weil der ein oder andere verwirrt rumläuft oder weil die Schwester nicht schnell genug kommen kann. Ist schon ganz schön heftig hier, aber ich finde das gar nicht so schlecht. Das sind eben Leute, die einen anderen Zwischenstand der Dinge haben. Eben habe ich einem Mann zugehört, der mit Freunden telefonierte und erzählte, dass er morgen wieder zum CT müsse und auch nicht wisse, wie das jetzt hier weitergehe. Wenn ich solche Gespräche höre, stelle ich mir vor, dass diese Menschen ihren Leuten auch von ihren Erkenntnisprozessen berichten. Dass sie erzählen, wie sie gerade in einen anderen Zustand reisen und wie sich die Zeit dehnt. Und auch wenn sie nicht drüber reden sollten – sie haben genauso viel Angst wie ich, nehmen andere Dinge wahr und wissen genauso wenig wie ich, was sie da eigentlich wahrnehmen müssen. Davon bin ich fest überzeugt.

Nun ist es halb elf Uhr vormittags, ich warte auf Aino und höre aus dem Nebenraum merkwürdige Geräusche. Da findet ein Kurs »Eurythmisches Musizieren« statt. Was das nun wieder ist, weiß ich noch nicht. Nächstes Mal will ich aber mal dran teilnehmen, ich bin richtig neugierig.

Vielleicht erreiche ich ja jetzt eine neue Entwicklungsstufe. Nach der Erschütterung, dass alles zu Ende sein soll, nach der Distanzierung von der Welt, die ich unter dem Motto »Ich nehme daran nicht mehr teil« aufgebaut habe, gewinne ich dieser Distanz nämlich gerade etwas Positives ab. Denn ich kann sie ja auch in eine Bereitschaft transformieren, besser hinzuhören und hinzuschauen. Das heißt: Ich muss nicht auf die Welt blicken, um in Trauer dahinzuschmelzen, sondern ich kann versuchen, Neues zu erleben. Eigentlich habe ich durch diese Zwangsberuhigung der letzten Wochen, die ja gleichzeitig sehr turbulent ist, auch die Chance, mir zu sagen: Das höre ich mir mal genauer an, was die da für Geräusche machen. Oder: Ich höre mir mal genauer an, was der Mann da sagt. Dieser Stimme höre ich jetzt genauer zu.

Na ja, mal sehen, manchmal habe ich halt diesen Elan, dann werde ich wieder müde. Es geht rauf und runter, aber zarter als die letzten Wochen. Meine Stimme ist heiser, ich schwitze ziemlich stark und habe oft Schluckauf. Aber das ist alles nichts Beunruhigendes. Jetzt sehen wir mal, was der Tag noch bringt.

DONNERSTAG, 17. APRIL

Ich bin wieder in der Klinik und soll gleich die nächste
Packung Chemo kriegen. Das Wochenende war grauenhaft, ich habe nicht mehr gewusst, wie es weitergehen
soll. Körperlich war es gar nicht so schlimm, aber meine
Seele ist völlig eingebrochen. Alle reden vom Kotzen, alle
reden von körperlichen Zusammenbrüchen – das ist bei
mir bis jetzt alles nicht das Thema. Das heißt nicht, dass
es bei anderen Menschen auch so sein muss. Ich würde
niemandem mehr erzählen: Ach du Scheiße, das wird
furchtbar, oder auch: Alles nicht so schlimm und ich weiß
nicht was. Jeder Krebs ist anders, jede Chemotherapie ist
anders, und die Reaktionen darauf sind ganz individuell.
Das können auch die Ärzte vorher nicht wissen. Und es
gibt Tausende von Nebenwirkungen, ich habe zum Beispiel heute starke Atemnot. Aber ich würde niemals zu
jemandem sagen: Ach Gott, ja, da haben Sie nachher
schreckliche Atemnot. Schauen Sie, dass Sie Sauerstoff-
flaschen im Keller haben. Das wäre totaler Unsinn.

Jedenfalls war ich am Wochenende in einem Zustand, den
ich in meinem ganzen Leben noch nicht erlebt habe. Das
ging schon beim Aufwachen los: Von der ersten Sekunde

an war da diese absolute Unfähigkeit, mich auf irgendeine Hilfsinsel zu flüchten. Also irgendetwas zu machen, was man normalerweise in größter Not tut, zum Beispiel wegzurennen, wenn es brennt. Es war wie der Aufenthalt in einer kleinen Hölle, weil ich keine Möglichkeit mehr sah zu entkommen oder irgendeine Hoffnung zu sehen. Ich wusste nicht mehr, wo eine Fluchttür ist, wo etwas Schönes, ein Licht sein könnte, wo sich irgendeine Zukunft befindet. Aino sagte zum Beispiel irgendwann: »Komm, zieh doch diese Schuhe an, die sind besser.« Und schon bekam ich einen Heulkrampf, weil wir diese Schuhe zusammen in Wien gekauft hatten und für mich in dem Moment klar war: Es wird nie mehr Schuhe kaufen geben, es ist alles völlig sinnlos, es wird überhaupt nichts mehr geben.

Es klappte auch nichts von dem, was ich mir so schön vorgenommen hatte. Ich konnte mich nicht an den Schreibtisch setzen, nicht lesen, keine Musik hören, niemanden anrufen. Ich habe einfach gar nichts mehr gemacht. Aino hat noch versucht, mich aus der Reserve zu locken, aber irgendwann wurde auch sie echt nervös und bat mich, doch eine Beruhigungstablette zu nehmen. Das habe ich auch noch nie bei ihr erlebt, dass sie sagt: »Komm, jetzt nimm das mal.« Ich habe tatsächlich eine der Tabletten genommen und bin auch eine halbe Stunde später eingeschlafen. Hat aber letztlich auch nicht geholfen: Fünf Stunden später war ich wieder wach und habe gleich weitergeheult.

Was Aino in diesen zwei Tagen mit mir durchgestanden hat, war wirklich der absolute Horrortrip. Ich habe dagesessen wie so ein Senfgaskandidat aus dem Ersten Weltkrieg und nur noch gezuckt, gewimmert und gezittert.

Ich darf mir gar nicht vorstellen, was es bedeuten würde, das alles alleine durchziehen zu müssen. Es war sicher auch die übliche Panik und Hysterie dabei, aber zu einem großen Teil war es ein völlig fremdartiger Zustand. Es gab keine Chance mehr, Distanz zu sich zu entwickeln. Und vor allem keinerlei Hoffnung auf ein Morgen. Normalerweise kann man sich ja Wasser ins Gesicht schütten und sich sagen: Na ja, das war jetzt scheiße, mache ich morgen besser. In diesem Zustand war das nicht mehr möglich, ich war so in meinen Grundfesten erschüttert, dass ich keinerlei Möglichkeit sah, dass es wieder besser werden könnte.

Und trotzdem, nach tagelangem Heulen und Wimmern habe ich am Ende fast so etwas wie einen gütigen Abschluss empfunden. Irgendwann hatte ich das Gefühl, ich löse mich in meinem eigenen Weinen auf, und damit setzte das Wunder der Entspannung ein. Es war fast ein schönes, weiches Gefühl. Allerdings glaube ich nicht, dass es sich um ein Loslassen handelte, um ein »Es geschehe«. Es war eher eine Ölung der Seele, die da stattfand. Ich kann das gar nicht richtig beschreiben.

Jedenfalls bin ich richtig froh, seit gestern wieder in der Klinik zu sein. Es tut gut, von diesem Wochenende zu erzählen und zuzuhören, was die Leute hier für Erfahrungen haben. Gerade war eine Massagetherapeutin da, die mir sagte: »Es ist nur ein Durchgang, es ist ein Durchgangsweg, den Sie jetzt gehen. Das ist nicht alles, danach kommt wieder etwas anderes.« Und als solches kann man das hier auch nur abstottern, glaube ich. Vielleicht kommt man ja an den Punkt, wo man ganz locker hingeht und fragt: Ja, und? Wo bleibt die nächste Chemo?

Der Uwe, ein Krankenpfleger, der die Infusionen an-
hängt und kontrolliert, ob alles gut durchläuft, kennt das
auch schon seit Jahren. Er ist sehr, sehr nett und sagte,
der menschliche Körper sei schon für vieles ausgerüstet.
Aber für dieses Programm: Diagnose, Untersuchungen,
Vorbesprechungen, Krise eins, Krise zwei, dann Operation mit Vollnarkose, dann wieder Untersuchungen und
Befunde, dann Heilungschancen hier, Heilungsquote da,
oben drauf noch die Chemo, Prognose unklar – für dieses Programm sei der Mensch eigentlich nicht gemacht.
Das sei definitiv die komplette Überforderung. Da würden der Körper und die Seele einfach nur noch durch-
genudelt.
Das kann ich nur bestätigen. Aber die wirklich wichtige Botschaft dieses Wochenendes ist für mich, dass ich
spüren konnte, wie sehr das alles miteinander vernetzt
ist, die Zellen, die Organe, einfach alles. Schön wäre natürlich, wenn man das schon vor einer Erkrankung wüsste, was für ein absolutes Wunderwerk dieser Körper ist.
Was das für eine großartige Sache ist, dass alles an der
richtigen Stelle positioniert und miteinander vernetzt ist.
Wenn man da eingreift, muss alles neu justiert werden.
Mein Körper muss sich jetzt zum Beispiel durch dieses
fehlende Stück Zwerchfell und den fehlenden Lungenflügel umbauen. Alles, was ich in mir spüre, sind Um-
baumaßnahmen. Das wird nicht mehr der Körper von
früher sein, aber er wird die für sich beste Form daraus
bauen, und dafür muss man ihm Zeit lassen. Das kann
man nicht beschleunigen.
Eins ist mir klar geworden: Hier die Seele, da der Körper
– das ist ein falsches Denken. Der Körper ist Seele, und
die Seele ist Körper. Sie ist das Zentrum des Verbundsys-

tems, das einen von der Geburt bis zum Tod begleitet. Sie ist die Tatsache, dass alles zusammengehört und miteinander verbunden ist. Und wenn man da draufhaut wie mit dieser Chemotherapie, dann können die Dinge so sehr ins Ungleichgewicht geraten, dass dieser Zusammenhalt zertreten wird. Dann gerät man in einen Schleudersitz und kann das eigene Zentrum, die eigene Seele nicht mehr wahrnehmen. Dann wird nur noch geschleudert.

Das klingt jetzt wahrscheinlich wieder ziemlich esoterisch, aber ich glaube fest daran, dass an diesem Wochenende meine Seele geschrien hat, weil sie nur noch ganz schwer mit mir kommunizieren konnte. Sie war kurz davor zu reißen, vielleicht sogar endgültig abzureisen. Und ich glaube auch, dass man wirklich mal anfangen sollte darüber nachzudenken, inwiefern Kunst und Medizin zusammengehören müssten. Bis jetzt ist die Kunst an der Wand, und die Medizin im Schrank. Aber vielleicht kann man das ja auch anders sehen, wenn sowohl die Kunst als auch die Medizin den Menschen als Ganzes begreifen würden.

Na ja, jetzt schauen wir erst einmal, dass wir diese zwölf Wochen Chemotherapie überstehen, möglichst ohne wieder in den Schleudersitz zu geraten. Ich werde versuchen, mir Inseln zu bauen, meinem Organismus zu zeigen, dass er als Ganzes akzeptiert wird. Und all die Leute hier werden mir dabei helfen.

FREITAG, 18. APRIL

Es ist nicht einfach herauszufinden, was im Augenblick eigentlich meine tiefste Angst ist, wo sie hockt und wer mich da gerade treibt. Aino erzählte mir, dass ich gestern im Traum von einem Hund, der mich jagt, gemurmelt hätte. Das habe ich heute meiner Atemtherapeutin erzählt und sie fragte mich: »Was ist denn das für ein Hund? Und was will der Hund von Ihnen?« Da habe ich gemerkt, dass es eher ein kleiner Kläffer ist, keine Bulldogge. Aber es ist einer, der immer wieder kläfft: »Du kommst hier nicht mehr auf den Hof, du bleibst draußen.« Er lässt mich also nicht mehr auf den Hof, gleichzeitig jagt und treibt er mich und bellt: »Du musst aber wieder etwas schaffen, sonst gibt es dich nicht mehr, sonst bist du ja gar nicht mehr da.«
Das sind alles Bilder, Gedanken und Gespräche, die mir bei der Angstverarbeitung helfen. Die mir helfen, nicht einfach nur den Gongschlag zu hören und gelähmt rumzuliegen. Aber eins ist klar: Es funktioniert nur, wenn man den Kontakt zu sich selbst behält.

Im Hof der Klinik ist mir heute ein Mann begegnet, der schon fast wie ein Totenkopf aussah. Wenn man hier unterwegs ist und all diese Schwerkranken trifft, fragt man sich ständig, was den Menschen eigentlich am Leben hält. Was ist das eigentlich, warum man so am Leben hängt? Wahrscheinlich liegt es daran, dass man tief in sich drinnen weiß: Wenn du hier die Augen zumachst, ist diese Welt wirklich weg. Sie ist verschwunden, sie ist nicht mehr da. Da bin ich ganz sicher: Man kann noch so viele Fenster im Himmel

**Nach dem Tod ist die Welt gelöscht.**

einbauen und noch mal runtergucken oder was weiß ich was, die Welt ist nach dem Tod definitiv gelöscht. Die ist weg, einfach gelöscht. Feierabend. Und dann kommst du vielleicht als Stein oder als Wurm wieder auf die Welt, vielleicht bleibst du auch ganz weg und hängst in anderen Zusammenhängen rum. Aber der Punkt ist, es ist vorbei. Ob du anschließend als Engel oder als Materieklumpen rumschwebst, oder ob du verwandelt wieder auf der Erde rumläufst, weiß kein Mensch und das soll auch offen sein.

Und ob man dann glücklicher ist – ich habe keine Ahnung. Vielleicht ist man glücklicher, vielleicht ist man unglücklicher. Aber das interessiert mich jetzt auch nicht. Mich interessiert das Begreifen, dass diese Situation hier, zum Beispiel diese Konstellation mit Aino, definitiv vorbei sein wird. Das schoss mir gestern durch den Kopf, als wir im Auto unterwegs waren, um zu einem italienischen Restaurant in der Nähe von der Klinik zu fahren. Wenn ich tot bin, sitzt keine Aino mehr am Steuer und kutschiert mich, dann sitzen wir auch nicht mehr rum und quatschen und lachen. Und die Leute im Restaurant, der Käfer und die Blume da draußen sind auch definitiv weg. Irreversibel. Das ist dann ein anderer Zustand. Da

229

bin ich fest von überzeugt, dass man dann in einen Aggregatzustand übergeht.

Und sollte man tatsächlich wiedergeboren werden oder was weiß ich wie verwandelt zurückkehren, dann ist man selbst so dermaßen gelöscht, dass man keinerlei Zugang zu seinem früheren Leben hat. Ich glaube, wer tot ist, ist tot. Dann sitzt man demnächst vielleicht in irgendeiner Raststätte rum und schreit mit Lkw-Fahrern die neuesten Witze runter. Das ist auch ein Leben, ein Verbundsystem, und das ist genauso wichtig und richtig. Oder ich werde eben ein Leben führen wie der ziemlich schräge Typ in dem italienischen Restaurant, der in einer unglaublichen Lautstärke zum Nachbartisch rüberbrüllte, welche Citroëns er schon gefahren habe, dass Mercedes-Fahrer hochnäsig seien und der Opel nicht gut auf der Straße läge. Seine kranke Frau saß stumm daneben. Früher hätte ich sicherlich gefragt, ob er ein bisschen leiser sein könne, hätte mich über ihn aufgeregt. Aber jetzt sitze ich da und denke, ja, okay, das ist auch eine Existenz, das ist sein Lebensprinzip, das ist seine Welt.

Und das könnte deine Zukunft sein. Das könnte dein Leben sein. Und man wird gar nicht wissen, wie trivial und schrecklich man das früher gefunden hätte. Es ist dann normal, sich über Autos zu echauffieren. Ob sich das, was meine Seele ausgemacht hat, dann noch mal woanders bündelt – keine Ahnung. Aber wie auch immer der nächste Zustand aussehen wird, er hat seine volle Berechtigung im Dasein, ist weder besser noch schlechter, sondern ist in seiner Normalität einfach da.

Jedenfalls muss jeder Einzelne irgendwann feststellen, dass seine Konstellation hier endgültig beendet ist. Auf

Wiedersehen, winke, winke. Deswegen kleben wir wahrscheinlich so am Leben. Da ist es ganz egal, ob man ein gläubiger Mensch ist oder nicht: Die Vorstellung, dass diese Welt gelöscht sein wird, dass die geliebten Menschen weg sein werden, dass man all die Schönheit dieser Erde nicht mehr sehen wird, ist einfach kaum zu ertragen.

Ob das, was danach kommt, dann problemlos ablaufen wird, kann niemand beurteilen. Das weiß man nicht. Da gibt es wahrscheinlich auch Leute, die sich deswegen nicht so quälen wie ich. Ist ja auch völliger Schwachsinn, sich zu überlegen, ob man nach seinem Tod im Himmel schwebt oder in der Hölle schmort. Auf diese ganzen Spielchen mit der Hölle kann ich hoffentlich bald mal kotzen; das schaffe ich immer noch nicht, weil ich immer noch mit diesem Schuldbewusstsein herumrase. Aber das ist eigentlich keine schlechte Perspektive für die Zukunft. Irgendwann brauche ich mir hoffentlich keine Gedanken mehr zu machen, ob ich nachher als grünes Hündchen an irgendeinem Grill hänge.

SONNTAG, 20. APRIL

Zurzeit kommen mir diese zwölf Wochen Chemo, die noch vor mir liegen, wie ein endloser Tunnel vor. Und dann versuche ich, mich da durchzujagen, los, los, das muss doch schneller gehen, ich will, dass das wieder so wird wie früher.

Ich komme mir vor wie jemand, der sich zwei Steine an die Beine gebunden und eingeredet hat: Jetzt läufst du halt langsamer, das ist ein echt neues Erlebnis. Aber ich meine, nach zehn Kilometern sagt doch jeder, vielen Dank, war interessant, aber jetzt nehme ich mir die Steine lieber wieder ab. Das kann ich eben nicht, diese Freiheit habe ich nicht mehr − auch nicht, wenn die Chemo irgendwann vorbei ist.

Die zentrale Frage muss daher sein, wie ich diesen alten Halligalli-Christoph mit seinem Bedürfnis, wahrgenommen zu werden und überall dabei zu sein, umbauen kann. In den letzten drei Monaten ist ja schon einiges von dem, was gar nicht mehr geht, abgebröckelt. Aber die Aufgabe wird sein, weitere Seile loszulassen und einen Weg einzuschlagen, der wahrscheinlich nicht mehr viel zu tun hat mit dem, den man mal gegangen ist. Dem hinterherzutrauern bringt nichts. Das ist gewesen, und

232

das ist traurig, aber das ist eben so. Mit 500 Mann in der Oper irgendwelche Kämpfe auszufechten, geht zurzeit nicht, geht vielleicht nie mehr. Der nächste Schritt muss sein zu schauen, was man in seiner Eigenart noch so tun kann, auf welchem anderen Gebiet man tätig werden kann. Mehr ist es ja nicht.

Also, Christoph, versuch es doch, schreibe oder male irgendetwas, schau, dass du deine Sachen in Gedanken weiterführst. Und wenn du nicht mehr kannst, dann machst du halt eine Pause. Oder du schreibst drauf: »Pause«. Nur so geht es doch. Dieses Festhalten an der Vergangenheit ist ja nur eine Versteifung, die nicht mehr funktioniert. Es kann eben nicht mehr so sein wie früher. Es ist eine Wandlung im Gange. Das macht dich traurig, weil du nicht mehr alles machen kannst, aber vielleicht macht es dich auch stark. Wenn du dir irgendwann sagen kannst, ja, du hast bis zum Schluss gewurschtelt, an deinen Sachen gebaut, immer so wie du konntest. Vielleicht ist das der Weg: Raus aus dem Trubelfaktor, Schluss mit diesem Bedürfnis, überall noch mitzujückeln, Schluss mit dem Geschrei: »Ja, wo bin ich denn da? Ich muss doch auch dabei sein.« Nein, musst du eben nicht. Bist du eben nicht dabei. Bist du eben auf eine andere Art dabei. Ja, genau darum muss es gehen. Es muss darum gehen, einen Weg zu finden, auf andere Art und Weise dabei zu sein. Wie alle möglichen Leute, die Kummer haben, weil sie krank sind und nicht wissen, wie sie ihren Job weitermachen oder ihre Kinder versorgen sollen. Ich bin ganz sicher, dass alle Menschen, die krank sind, sich fragen, wie sie sich einen Teil ihrer Autonomie zurückerobern können, auf welche Art und Weise sie wieder an ihren

Platz in der Welt zurückkehren können. Wie sie aus der Ächtung durch diese Gesellschaft rauskommen, die einem vermittelt, man sei kein produktiver Faktor mehr. Wie sie sich dagegen wehren können, gnädigerweise noch einen Platz am Ausgang zugewiesen zu bekommen, von wo aus sie vielleicht noch ein bisschen zugucken können.

Nein, das darf eben nicht sein. Jede Krankheit ist eine Kraft, die zur Schöpfung gehört, sie ist ein Teil dieser Schöpfung, die man nicht einfach wegsperren darf. Und die Frage ist, wo und wie man diese Kraft einsetzt. Für mich ist wahrscheinlich die bildende Kunst ein guter Weg, dann kann ich mir auch mal erlauben, Wochen nur am Tisch zu sitzen und dort zu arbeiten. Und wenn ich doch noch mal eine Großveranstaltung wie eine Oper auf die Beine stellen sollte, dann muss man eben sehen, wie das unter den neuen Bedingungen geht.

Du musst aus dem, was du jetzt hast, Fülle spüren, aus dem Weiterwurschteln und Basteln. Und zwischendurch sagst du dir: Ich kann jetzt nicht mehr, ich muss mich hinsetzen. So muss es dann eben sein. Vielleicht schaffst du es ja, Christoph. Gib dir Mühe und einen Ruck. Überall wird gebastelt, und auch du bastelst wie ein Kind einfach weiter. Das ist doch schon mal was. Das ist doch schon mal sehr schön.

MITTWOCH, 3. DEZEMBER

Nun ist fast ein Jahr seit der Diagnose vergangen – und eine lange Zeit, seitdem ich das letzte Mal in mein Diktiergerät gesprochen habe. Leider bin ich nicht so gut drauf, wie ich es gerne hätte. Der Krebs ist wieder da. Vor drei Wochen haben die Ärzte bei einer Routineuntersuchung festgestellt, dass ich in dem Lungenflügel, der mir nach meiner Operation geblieben ist, mehr als zehn erbsengroße Metastasen habe. Sie sind rasend schnell gekommen, keiner hat mit dieser Schnelligkeit gerechnet. Das sieht nicht gut aus.

Jetzt muss ich eine Tablette schlucken, die den Metastasen ihre Versorgungswege abschneiden und ihr Wachstum hemmen soll. Ob das klappt, weiß man noch nicht. Und obwohl ich erleichtert bin, dass man beim MRT keinerlei Metastasen im Gehirn entdeckt hat, bin ich seitdem fast nur noch fähig, daran zu denken, was für eine wahnsinnig beschissene Sache das alles ist. Ich will nicht sagen, dass ich das nicht schon vorher wusste, aber ich glaube inzwischen, man lernt bis zum Schluss, wie beschissen diese Krankheit ist.

Die Wochen vor dieser Nachricht war ich so guter Dinge. Nach der Strahlentherapie, die mich fast noch mehr angestrengt hatte als die Chemo, weil ich kaum noch Kraftreserven besaß, war es so schön, in die Welt zurückzukehren, wieder arbeiten zu können, aber auch ganz normale Dinge des Lebens zu genießen: mit Aino Hand in Hand spazieren zu gehen, ein Stück Pflaumenkuchen zu essen, mit dem Auto durchs Ruhrgebiet zu fahren, die Farben der Natur zu bewundern. Aino und ich dachten, wir könnten jetzt noch zwei, drei Jahre so durch die Gegend laufen, vielleicht auch länger − und dann kommt ein solcher Schlag ins Kontor.

Dass diese gute Zeit schon wieder vorbei sein soll, hätte ich wirklich nicht gedacht. Aino auch nicht. Dass mich etwas so gnadenlos auffrisst, konnte sie sich nicht vorstellen. An dem Abend nach der Kopfuntersuchung hat sie weinen müssen wie noch nie in unserer ganzen Beziehung. Sie saß in der Küche und kämpfte gegen die Tränen. Ich lag schon im Bett und habe irgendwann gerufen: Wo bleibst du denn? Komm doch, bitte! Sie kam dann auch, konnte aber nicht mehr an sich halten und hat bitterlich geweint. Dass ich nicht sterben darf, dass sie mich nicht verlieren will, dass wir doch zusammengehören und sie noch ganz viel mit mir erleben will, hat sie gesagt.

Ich bin sehr ruhig geblieben an diesem Abend, habe sie im Arm gehalten und war auch traurig, aber ich habe nicht geweint. Ich hatte das Gefühl, sie kommt zu mir, um von mir beschützt zu werden, und da wollte ich ihr ein Partner sein, der stabil und ein bisschen kräftig ist. Habe ich auch geschafft. Klar hätte ich heulen können, aber ich wollte ihr Halt geben, wollte ihr zeigen, dass ich sie trotz allem beschützen kann, wollte sie beruhigen, dass alles gut wird und dass wir zusammenbleiben. Irgendwann ist sie dann auch eingeschlafen.

Für Aino ist es ja eine irre Anstrengung, das alles durchzustehen und durchzuhalten. Aber sie hat die letzten Monate wirklich alles gemacht, mich überall hingefahren und begleitet, mich mit einer unglaublichen Liebe immer wieder aufgemuntert: Komm jetzt, du schaffst das, wir schaffen das. Dass ich sie an meiner Seite habe, ist ein solches Glück. Sonst würde ich wahrscheinlich als größter Pessimist aller Zeiten von der Welt gehen.

Im Moment brauche ich nur an irgendetwas von Aino zu denken, an ihre Schuhe oder ihre Jacke, ein Foto von ihr anzusehen – und es zerreißt mich. Ich meine, wenn ich sterben muss, muss ich eben sterben. Das kann ich mir jetzt ungefähr vorstellen. Das ist zumindest greifbarer geworden, aber Aino ist diejenige, die bleiben muss, die ich alleine lassen muss. Ist natürlich anmaßend, mir Gedanken darüber zu machen, wie alleine sie sein wird, wenn ich weg bin. Aber solche Gedanken sind nun einmal auch da, wenn man ahnt, dass man bald losmuss, alleine, irgendwohin.


Inzwischen bin ich fast sicher, dass ich nicht mehr viel Zeit haben werde auf der Erde. Ich wollte noch 35 Mal Weihnachten feiern. Das habe ich mir am Anfang immer wieder gesagt und es kam mir noch nicht einmal besonders viel vor. Und jetzt sitze ich bei meiner Mutter in Oberhausen und erkläre ihr, Mama, stell dir mal vor, dieses Weihnachten kann tatsächlich das letzte sein. Als ginge es um Weihnachten – aber solche Tage sind nun einmal Markierungen. Und dann überlege ich mit ihr, was mit dem Erbe passieren soll, wenn ich vor ihr sterbe, wie man das aufteilt, damit sie versorgt ist. Ich muss jetzt tatsächlich schauen, dass meine Mutter versorgt wird, wenn ich früher gehen muss als sie – und kann diesen Vorgang kaum verstehen. Es ist so absolut bitter, begreifen zu müssen, dass man dieses Leben bald nicht mehr leben kann.

Auch der Gedanke, nicht mehr erleben zu dürfen, wie es ist, alleine auf der Welt zu sein, ohne Eltern, quält mich. Ich liebe meine Mutter wirklich sehr, und ich glaube, wenn ich gesund wäre, würde ich mich auch sehr amüsieren über ihre Art, die sie jetzt im Alter hat. Wie sie da in ihrem Rollstuhl thront, Spaß am Essen hat, komische Bemerkungen macht, weil sie seit ihrem Schlaganfall manchmal Anschlüsse im Kopf verliert und woanders weiterredet – sie ist eine wunderbare, ein bisschen skurrile alte Frau geworden, von der ich viel in mir habe, glaube ich. Das ist toll zu sehen. Aber ich hätte eben auch gerne erlebt, wie es sich anfühlt zu sagen: Ich bin jetzt alleine auf der Welt. Meine Großeltern sind gegangen und meine Eltern sind gegangen, und ich bin noch da. Und nach mir wird dann eben noch dieser Tisch hier da sein, den mein Großvater schon hatte, dann meine Eltern und nun ich. Irgendetwas wird auch von mir übrig bleiben, und sei es ein Gedanke oder ein Geruch oder was auch immer, da glaube ich fest dran.

Eigentlich habe ich ja das große Los gezogen in diesem Leben, weil ich kreativ sein durfte, weil ich mir alles Mögliche ausdenken konnte und mir so vieles geschenkt worden ist. Immer wieder kamen neue Bilder, neue Gedanken, neue Texte – das war wie ein Füllhorn, aus dem ich fast pausenlos schöpfen durfte. Und ich habe ja auch schon versucht mir zu sagen, dass ich jetzt eben genug Geschenke bekommen habe. Trotzdem würde ich so gerne noch weiter herumfahren und gucken und sammeln. Auf der Erde kann man so viel machen, das ist doch ein sensationeller Ort. Man kann Frieden schließen, man kann die Natur achten, man kann Menschen lieben, man kann Menschen helfen, man kann einfach alles tun. Dass wir es nicht geregelt bekommen, dafür kann doch die Erde nichts. Da muss man sich doch trotzdem immer wieder sagen: Wir haben die Freiheiten, wir könnten alles so gestalten, dass es gut wird, wir könnten es wirklich. Und ich könnte es auch. Ich frage mich nur immer wieder, ob ich auf dem richtigen Gebiet gearbeitet habe, ob ich meine Talente richtig eingesetzt habe oder ob dabei nur irgendein Filmquatsch rausgekommen ist, der nichts bedeutet. »Egomania« ist vielleicht ein Film, von dem ich sagen kann, dass er etwas bedeutet, weil er eine Geschichte über die Liebe erzählt, die unerfüllte Liebe, die Hassliebe, die verbotene Liebe ... Ach, ich weiß es nicht.

Quält dich ein Gedanke, dann denk ihn weg. Ja, schön gesagt, prima. Viel Spaß. Kann einen erleuchten mit zwanzig, kann man sagen: Super, so mach ich das. Aber in Wahrheit: Was soll das? Denk ihn weg – wie denn, was denn, wohin denn? Jetzt, wo ich immer mehr an das Ende denken muss, mir überlege, ob ich mein Leben gut gelebt habe, mir auch Vorwürfe mache, nicht genug für andere getan zu haben,

## Denk den Gedanken weg – wie denn, was denn, wohin denn?

fällt mir auf, wie viele Schwarzmaler im Christentum unterwegs sind. Leute, die eigentlich nur so düstere Botschaften verbreiten, sie aber unter der sogenannten Frohen Botschaft verstecken. Eigentlich steckt hinter dieser Freudenfassade des Christentums etwas sehr Grausames.

Das ganze System ist falsch: Angeblich feiert man das Leben, die Schöpfung, aber ununterbrochen wird mit dem Sensenmann gedroht.

Nachdem ich mich zum Beispiel im Herbst zum ersten Mal öffentlich geäußert habe, dass ich mich inzwischen wieder ganz gut fühle und glücklich bin, dass ich bei der RuhrTriennale arbeiten kann, erschien so ein Artikel in einer katholischen Zeitung – ich habe sie immer »Todesbote« genannt, klingt natürlich erst mal wieder wie ein Witz, sprudelte aber wirklich wie ein Freud'scher Versprecher aus mir raus. Die Zeitung heißt wohl »Tagespost« und wird von der katholischen Kirche herausgegeben. In dem Artikel heißt es, dass ich meine Krankheit inszenieren würde und mal wieder provozieren wolle, statt mich um die Förderung der Hospizbewegung zu kümmern: Denn da würde das wahre Sterben stattfinden, da müssten die Leute begleitet werden, da könne man das Tabu des Sterbens in unserer Gesellschaft brechen. Ich würde ja auch gar nicht widersprechen, klar ist die Hospizbewegung eine gute Sache. Es ist mir inzwischen auch egal, wenn jemand, der augenscheinlich keine Ahnung von meiner Arbeit hat, mich mal wieder als Provokateur bezeichnet.

Aber der Redakteur schrieb eben auch, dass ich mir, statt meine Krankheit öffentlich zur Tragödie zu stilisieren, mehr Gedanken über die echte Kultur des Sterbens machen solle, bevor es zu spät sei. Als Schlusssatz des Artikels stand da wirklich: »Bevor es zu spät ist.« Das ist genau dieser Hammer, der in dem System lauert: diese Drohung, man solle auf Erden alles ins Reine bringen, bevor es zu spät ist. Unter dem Motto: Wenn du stirbst, dann sind die Würfel gefallen, dann wird man entscheiden über dich. Was ist das für ein Horror? Was soll das? Ich werde so wütend, wenn ich mir klarmache, was für ein bösartiger Ansatz das ist, der einem jede Freude am Leben nehmen will. Kommt eine Eintagsfliege auf die Welt und kriegt gesagt: So, du hast jetzt 24 Stunden Zeit, und wehe, du wirst dich nicht a) weiterentwickeln, b) zum Guten wenden, c) Gutes tun und d) begreifen, dass du in Gottes Hand bist. Wenn du das nicht hinkriegst, dann sind die Würfel gefallen, dann kommst du als Elefant auf die Erde zurück. Das ist doch eine aberwitzige Höllenmaschine, die da angeworfen wird.

Und e) habe ich sogar noch vergessen: Wehe, wenn du dich zum Sterben nicht ins stille Kämmerchen zurückziehst. Weil Sterben »still, lautlos, wortlos und handlungslos« sei – das steht wortwörtlich so in diesem Artikel. Daher solle ich mich zurückziehen und verstummen, das sei die einzige angemessene Reaktion auf die Einsicht, wie hinfällig das Leben ist. Und nicht noch als Berserker auf irgendeiner Bühne rumtoben.

O Mann! Da kann einen ja nur trösten, dass der letzte Papst wohl auch einen gravierenden Fehler gemacht hat, als er da bis zuletzt immer wieder ans Fensterchen gefahren kam, um sich den Leuten zu zeigen und seinen Segen ins Mikrofon zu flüstern.

Jedenfalls habe ich in Duisburg bei den Proben zu »Eine Kirche der Angst vor dem Fremden in mir« die schönste Zeit erlebt, die ich mir überhaupt vorstellen kann. Es war ein solches Glücksgefühl, wieder mit all meinen Leuten arbeiten zu dürfen. Ich bin halt ein Arbeiter, der im Team etwas auf die Beine stellt; diese Idee, an irgendeinem See zu sitzen und nichts zu tun, ist keine Möglichkeit für mich. Und so hatte ich mich entschieden, bei der RuhrTriennale meine Erfahrungen der letzten Monate zu bearbeiten.

Am Anfang war es ein bisschen schwierig. Ich war noch sehr schlapp, und weil ich damit nicht umgehen konnte, habe ich gleich zu Beginn versucht, mit viel Brüllerei einen der Toningenieure fertigzumachen. Es ist absurd, mit welcher Ungerechtigkeit kraftlose Leute manchmal unterwegs sind. Man neigt dazu, seine eigene Unfähigkeit durch die Erniedrigung anderer zu überdecken. Das ist natürlich große Scheiße, aber immerhin habe ich ihn sofort danach um Verzeihung gebeten.

Anschließend haben wir wunderbar weitergearbeitet, ich wurde ruhiger, und es waren sehr intensive, skurrile Proben. Alle waren wir wieder zusammen, so viele liebe Menschen, mit denen zu arbeiten mir eine unglaubliche Freude bereitete. Schön war auch, dass meine Behinderten, mit denen ich ja seit Jahren arbeite, wieder dabei waren. Und ich habe es genossen, den verschiedenen Stimmen der Schauspieler zuzuhören. Dieses Stimmenorchester, das da aus den Texten entstand, war toll. Es war überhaupt alles klasse.

Die Aufführung selbst ist auch sehr gut aufgenommen worden, vom Publikum und auch von der Presse. Ich hatte vorher ein paar Interviews gegeben und viele haben wahrscheinlich gedacht: »Siehste wohl, jetzt haut er wieder auf die Pauke.« Aber das ist alles sehr gut ausgegangen, weil die Leute wohl kapiert haben, dass es bei der Inszenierung nicht nur um mich geht. Keine Rede vom exhibitionistischen Schlingensief oder so.

Klar forme ich mein Leiden, klar gehe ich von meinen Erfahrungen aus, was soll ich denn sonst tun? Wenn man

Krebs hat, ist das nicht schön, aber man muss doch damit umgehen lernen und mit diesem Zustand weitermachen. Ich kann meine Krankheit, meine Todesangst natürlich auch verschweigen, das will ich aber nicht. Ich will über Krankheit, Sterben und Tod sprechen. Gegen diese Ächtungskultur ansprechen, die den Kranken Redeverbot erteilt. Ich gieße eine soziale Plastik aus meiner Krankheit. Und ich arbeite am erweiterten Krankenbegriff.
Es geht nicht darum, den Leidensbeauftragten zu geben, es geht ganz einfach ums Zeigen. Und natürlich darf man in der Öffentlichkeit auch seine Tränen zeigen. Warum denn nicht? Was haben die alle für Probleme mit ihrem Selbstüberwachungsstaat? Als besä-

## Die sollen mal ihre Emotionen rauslassen, die Leute!

ßen wir alle irgendein kleines Kästchen, das gegenüber allen anderen beschützt werden muss. Die sollen mal ihre Emotionen rauslassen, die Leute! Scheiß doch auf dieses ganze Absicherungsgetue, dieses Verstecken vor den anderen! Diese meterdicken Verbände, die sich die Leute um ihre Wunden wickeln, können mir doch gestohlen bleiben. Ich will in dem Zustand, in dem ich jetzt bin, jemand anderem begegnen und sagen: Schauen Sie, hören Sie! Und der autonome Betrachter reagiert, indem er vor allem mit sich selbst umgehen muss. Dann ist das nicht Christoph Schlingensiefs Leidensweg, sondern viel mehr. Ob das dann noch richtiges Theater ist – wen interessiert's? Und wenn die Leute das nicht wollen, wenn sie sagen, ich sei ein Terrorist, der ihnen zu nahe tritt, dann ist das eben so. Dann ist das auch eine Reaktion.

Jetzt höre ich mal auf, meine Nase ist zu und ich bin müde. Diese schlechten Nachrichten machen müde und resignativ. Trotzdem hoffe ich sehr, dass sich die Metastasen zurückbilden. Wenn sie wenigstens nicht weiterwachsen würden – das wäre auch schon toll. Dabei ist natürlich klar, was für ein Luxus diese Behandlung ist: Die Tabletten, die ich nehme, kosten im Jahr 30 000 Euro, das kann sich nun wirklich niemand in der Dritten Welt leisten, die Leute dort wissen nicht einmal, dass es sie gibt. Dass man jetzt hier alles Geld zusammengrapscht, damit man irgendwie noch ein bisschen weiterlebt, ist eigentlich pervers. So toll und wichtig bin ich nicht. Und trotzdem gehe ich natürlich von meinem eigenen kleinen Leben aus, das ich so gerne noch gelebt hätte. Wenn ich mir die Erde aus dem Flugzeug angucke, oder wenn ich in einem Buchladen in Büchern über fremde Länder blättere, dann rollen schon die Tränen. Also, gute Nacht.

DIENSTAG, 23. DEZEMBER

Jetzt bin ich wieder in Oberhausen bei meiner Mutter, und es geht mir ziemlich schlecht. Ich bekomme leider den Gedanken nicht aus dem Kopf, dass das jetzt alles nicht mehr gut wird. Der Optimismus ist weg. Es kommt mir vor, als senke sich langsam eine schwere, schwarze Decke über mich, die mir mitteilt: Ich lege mich bald über dich, bald wirst du das Licht nicht mehr sehen, jedenfalls nicht das irdische Licht.

Heute war ich am Grab meines Vaters. Da habe ich angefangen, ernsthaft darüber nachzudenken, wie man Kontakt aufnehmen könnte zu Leuten, die gestorben sind und die einem vielleicht helfen könnten. Man kann ja nicht dauernd den Draht zu Gott und seinen Leuten bemühen, die haben doch genug um die Ohren. Wir müssten doch auch als Familie oder als Freunde untereinander Verbundsysteme haben, Verbindungen zwischen den noch Lebenden und den schon Toten.
Sind natürlich Verzweiflungsideen. Wahrscheinlich fange ich an zu spinnen. Andererseits: Vielleicht ist diese Idee gar nicht so bescheuert. Ich will kein Stühlerücken und kein Kartenlegen oder so. Aber die Menschen haben doch

245

jahrtausendelang und in allen Kulturen und Religionen an solche Verbindungen zwischen den Toten und den Lebenden geglaubt und den Kontakt mit den Toten in ihr Leben integriert. Wieso können wir das nicht mehr? Wieso schließen wir die Toten so radikal aus, dass sie unauffindbar werden?

Manchmal male ich mir aus, dass wir uns hier in einer Endlosschleife befinden, dass man als Kind wieder auf die Welt kommt, wenn man stirbt. Aller Erinnerungen an das frühere Leben beraubt, vielleicht bis auf ein paar Details, die man zum Beispiel spürt, wenn man Menschen begegnet, zu denen man ohne ersichtlichen Grund viel leichter einen Draht entwickelt als zu anderen. Und da frage ich mich eben: Gibt's da Kontakte, gibt es da Möglichkeiten? Wer von meinen Toten kann mir helfen? Nicht nur, um gesund zu werden, sondern vor allem, um mit meiner Angst fertig zu werden. Mein Vater wäre jetzt gerade mal ein Jahr alt. Der kann bestimmt nix tun, vielleicht spürt er etwas, aber was soll er machen? Meine Großeltern wären diejenigen, die man jetzt ansprechen müsste, die wären jetzt schon 25 oder 30. Wenn die tatsächlich noch da wären … Aber natürlich befürchte ich, dass man nach dem Tod doch nicht da ist, dass man einfach zerrupft wird.

Trotzdem sind diese Gedanken schön. Zum Beispiel sich zu überlegen, wo man gerne geboren würde, wenn man wirklich wiederkommen könnte. Aino meinte, sie würde gerne in Japan zur Welt kommen. Ich habe eher an Afrika oder Indien gedacht. In den USA würden wir nicht aufwachsen wollen, da waren wir uns beide einig. Ich fände es jedenfalls schön, in ein Gesellschaftssystem hineingeboren zu werden, das ich überhaupt nicht kenne. Indien,

Afghanistan kenne ich nicht, weiß ich nicht, was da los ist, vielleicht ist das eine Ecke in meinem Dasein, die ich noch kennenlernen müsste.

Das Schlimmste ist diese Angst vor dem Unbekannten. Die macht mich fertig. Als mein Vater starb, hatte er dieses Lächeln auf den Lippen, sah wirklich glücklich und erlöst aus. Aber mich hat dieses Lächeln schon damals nicht richtig getröstet. Das war für mich ein Lächeln irgendeiner Geheimgesellschaft, die mich ausschließt. Ich bleibe zurück, und der lächelt schon mit anderen herum. Und demnächst muss ich dann selbst zu denen los. Dann rattere ich alleine wo auch immer hin. Ich habe aber keine Lust, die Toten

## Ich habe keinen Bock auf Himmel.

und was weiß ich wen zu treffen, ich habe keine Lust, in so einen Geheimklub abzuhauen, wo man milde lächelnd auf die Erde guckt. Ich habe keinen Bock auf Himmel, ich habe keinen Bock auf Harfe spielen und singen und irgendwo auf einer Wolke herumgammeln.
Einen Draht zu Gott habe ich trotzdem, das ist klar. Aber ich habe nicht dieses Vertrauen zu sagen: Gut, ich komme, nehmt mich auf zu euch. Vielleicht kommt das ja noch. Im Moment bin ich einfach nur traurig und habe Angst. Ich liebe das Leben so sehr, hätte so gerne mit Aino noch Jahre, Jahrzehnte verbracht. Stattdessen muss ich jetzt diese unglaubliche Angst vor der Einsamkeit aushalten, vor diesem Nichts. Selbst wenn dieses Nichts noch so schön und hell sein sollte. Die größte Hölle, die ich mir vorstellen kann, ist, nicht mehr denken und arbeiten zu dürfen. Dann hänge ich vielleicht irgendwo zwischen den Sternen rum und kann nichts tun, würde so gern

helfen oder etwas machen, aber kann nichts machen. Ich habe leider ganz große Angst vor diesem Himmel. Ich will hierbleiben. Ich will noch etwas hierbleiben!

Ach, es ist einfach eine echte Qual. Die Angst vor der Einsamkeit, die kommen wird, macht mich fertig. Und die Traurigkeit, dass ich mein Schätzchen da nicht mehr habe und sie mich nicht mehr hat.

Manchmal stelle ich mir vor, dass man da hochkommt und in einem riesigen Hightech-Laboratorium landet. Alle forschen und arbeiten wie die Wahnsinnigen, haben aber nur ein Ziel, nämlich noch das 300 000ste Universum hintendran zu kleben, ohne dass alles in sich zusammenstürzt. Vor lauter Forschung haben sie im Laufe der Zeit die Erde aus den Augen verloren, haben völlig vergessen, was sie da an Sensation schon geschaffen haben.

Vielleicht muss man deshalb da oben mal Klärung schaffen. Man darf nicht nur als Leidensbeauftragter in irgendwelchen endlosen Gängen rumlaufen und die Leute anschreien: Ihr müsst mal helfen, das ist alles Scheiße da unten! Das wird die ja nicht interessieren, das führt ja nur dazu, dass die sich sagen: Ja gut, Fehlkonstruktion, wir bauen was Neues.

Nein, man muss denen klarmachen, was für Qualitäten diese Erde hat, was für ein Wunder dieses Leben hier ist. Dass sie aufhören können zu forschen, dass sie die Erde als Vorbild nehmen, uns aber in Ruhe lassen sollen. Dass wir selbst für Lösungen sorgen könnten, wenn man uns die Freiheit lassen würde. Man müsste sie davon abbringen, diese Freiheit unter Strafe zu stellen und das Ganze dann auch noch an einem Apfel vorzuführen. Noch blöder kann es ja nicht laufen.

Aber wahrscheinlich ist das auch keine Möglichkeit. Wahrscheinlich reicht diese Korrektur nicht. Es gibt zu viele Fehlkonstruktionen, an denen zu tausend Millionen Prozent niemand auf der Erde schuld ist und die auch niemand beheben kann: Es gibt Genschäden, es gibt Unfälle, es gibt Naturkatastrophen, es gibt alles Mögliche. Das kann man doch nicht akzeptieren. Was sollen all die Leute in Afrika sagen? Und all die Eltern, die bei irgendwelchen Katastrophen ihre Kinder verloren haben? Ein Haus stürzt ein, alle sind tot, nur die Mutter

## Gigantische Kraftwerke von Leiden fliegen rum.

hat überlebt. Was für ein Wahnsinn! Was für ein Schmerz! Mein Gott, was für gigantische Kraftwerke von Leiden fliegen hier rum, das ist doch unglaublich! Da muss man doch auf deren Bitten mal hören, da kann man doch nicht einfach nur die Mutter Gottes als leuchtende Christbaumfigur runterschicken, da muss man doch ganz anders rangehen.

In den letzten zwei Wochen habe ich schon begonnen, Abschiedsbriefe zu schreiben und ins Handy zu tippen, wer was bekommen soll und wie man es aufteilt. Ich habe im Moment kaum das Bedürfnis, Freunde zu treffen, ich denke viel an sie, aber ich schaffe es nicht, sie anzurufen oder zu sehen. Es ist keine Scham oder Niedergeschlagenheit, es ist ein ganz komischer Zustand, für den ich keine Worte habe.
Am liebsten würde ich einfach allen, allen Menschen zurufen, wie toll es ist, auf der Erde zu sein. Was einem da genommen wird, wenn man gehen muss. Ich wünsche mir so sehr, dass die Leute begreifen, wie sehr es sich

lohnt, sich um diese Erde zu kümmern. Diese Pessimisten mit ihrem »Asche zu Asche, Staub zu Staub« können einem doch gestohlen bleiben. Nein, diese Erde ist bis jetzt der einzige freie Ort im Universum, in dem man gestalten und auch glücklich werden kann. Wenn die Menschheit verstehen würde, dass man gestalten kann, dass man anpacken kann, dass man Frieden schaffen kann, dass dieser Hass nichts bringt – dann wäre das hier eine Sensation, das Tollste, was man sich überhaupt vorstellen kann. Auch Probleme sind wichtig, klar. Aber sie zu lösen, ist eben die Freiheit, die man hat. Natürlich gibt's Menschen, die nichts lösen können, weil ihnen alle Macht und Freiheit genommen sind. Da muss man gegen angehen, das ist ja klar. Aber die größte Idee von Freiheit ist wahrscheinlich, dass man ein Problem lösen kann.

SAMSTAG, 27. DEZEMBER

Guten Morgen. Es ist halb neun, und das Logbuch von
Mister Spock tut jetzt hier Folgendes kund: Was bisher geschah, ist nicht wichtig, aber was heute geschehen wird,
das ist wichtig. Heute ist ein besonderer Tag: Es geht in
die Röhre, zu einem Besuch mit radioaktiven Teilchen.
Ein CT wird erstellt, um nachzugucken, was diese Tablette
gebracht hat, die den Krebszellen den Appetit verderben
sollte. Folgende Veränderungen sind bisher festzustellen:
Haut ist trockener, Fußnägel haben sich teilweise entzün-
det, Pickel auf der Lippe und Nase. Wie ein Klingone sehe
ich allerdings noch nicht aus.

Ich merke, wie wahnsinnig schwer es mir fällt, schon
vorab in den Mülleimer hier zu sprechen, schon vor dem
Urteil zu beichten. Eigentlich fühle ich mich wie der
kleine Christoph vor einer Klassenarbeit, als ich schon
wusste, dass es eigentlich nichts werden kann. Na ja,
manchmal ist ja dann auch ein Wunder eingetreten.
Vor diesem Morgen graut es mir natürlich schon die
ganze Zeit. Immer wieder hat man sich beobachtet und
versucht, in sich reinzuhorchen: Tut sich was? Tut sich
nichts? Der Horror wird sein, in ein paar Stunden wahr-

scheinlich wirklich zu wissen, dass es mit der Tablette nicht klappt. Auf der anderen Seite hat man fast Angst davor, wieder Hoffnung zu bekommen und sagen zu können: Ja, tatsächlich, guck mal hier, da tut sich was an der Uhr. Wer hat an der Uhr gedreht? Ist es wirklich schon so spät?

Jedenfalls hatte ich ein wunderschönes Weihnachtsfest, obwohl ich eigentlich mit Weihnachten nichts zu tun haben wollte. »Zum letzten Mal« – dieser Gedanke saß in mir fest. Der Bruder von Aino wollte mich aufmuntern, indem er ihn umformulierte: das letzte Mal Weihnachten mit Krebs. Tja, so kann man das natürlich alles umbauen und ändert doch nichts daran.

Aber dann sind mehrere schöne Dinge passiert. Es fing an am ersten Feiertag, da hatte ich ein wunderbares Erlebnis mit meiner Mutter. Heiligabend war alles noch ziemlich traurig, da habe ich mit ihr in der Küche gesessen, Hasen gegessen und mich fast wie früher bemüht, gute Stimmung zu verbreiten. Aber tief drinnen waren wir beide sehr, sehr bedrückt, auch weil Papa nicht da war, was vor allem meiner Mutter sehr zu schaffen macht. Im Hotel habe ich noch ein paar Seiten in diesem Buch von Lance Armstrong gelesen. Man will ja doch immer wieder Geschichten hören, die gut ausgegangen sind. Und wie er seine Erlebnisse schildert, erinnert mich das tatsächlich in einigen Punkten an mich. Seine Beschreibung der Lungenmetastasen als Schneesturm kann ich zum Beispiel gut nachvollziehen. Ich hatte bei dem CT auch den Eindruck, dass die wie Schneeflocken aussehen. Immerhin war es noch kein Schneesturm, sondern es waren vereinzelte Schneeflöckchen, muss man auch sagen. Na ja.

Am nächsten Morgen bin ich dann wieder zu meiner Mutter, und nach dem Frühstück musste ich plötzlich mit den Tränen kämpfen. Da fragt sie, die kaum aus dem Rollstuhl kommt: »Soll ich rüberkommen? Ich komm rüber, warte, warte.« Da bin ich natürlich selbst aufgestanden, zu ihr auf die andere Seite des Tischs gegangen, habe mich neben sie gesetzt und den Kopf auf ihre Schulter gelegt. Als sie dann meine Hand nahm, konnte ich die Tränen laufen lassen. Aber vor allem konnte ich ihr gegenüber endlich all die Dinge aussprechen, die mir eine solche Last waren. Ich konnte ihr erzählen, dass ich all die Jahre so viel Kraft bei ihr und meinem Vater gelassen habe, erzählen, wie anstrengend das für mich war, immer wieder Optimismus und Lebensfreude verbreiten zu wollen, dafür sorgen zu wollen, dass die Dinge schön sind. Um dann doch immer wieder nur zu hören: Es geht unverändert schlecht.

All das sagen zu können, endlich auch sagen zu können, dass ich das so nicht mehr will, hat so gutgetan, ich kanns gar nicht beschreiben. Anschließend habe ich mich jedenfalls wie gereinigt gefühlt, so, als hätte ich gebeichtet. Beichte ist natürlich mal wieder viel zu katholisch, aber egal. Es setzte jedenfalls ein großes Gefühl der Entspannung ein. Meine Mutter wusste zwar irgendwann gar nicht mehr, worüber wir gesprochen hatten, aber für mich war dieses Gespräch mit ihr ein Weihnachtswunder. Ein paar Wellen und Wogen haben sich einfach beruhigt.

Das zweite Weihnachtswunder war ein Telefonat mit meinem Patenonkel. Er ist 87 und streng religiös, aber gestern erzählte er mir, dass er mit seinen 87 Jahren auch immer noch keinen Weg zu Gott gefunden habe. Dass er sich vor Kurzem sogar ein Buch gekauft habe, um sich das Vaterunser erklären zu lassen – so verzweifelt sei er, weil er nicht wisse, ob Gott wirklich da sei, worauf er sich eigentlich verlassen solle. Das sagt mir mein 87-jähriger Patenonkel, der meine Arbeit unablässig als zerstörerisch kritisiert hatte. Der erklärt mir plötzlich: Ja, ich habe auch manchmal das Gefühl, von Gott verlassen zu sein, ich weiß auch nicht, wie ich mit ihm zusammenkommen soll.

**Wenn jemand da ist, sieht man halt die Bescherung. Deshalb ist Gott lieber nicht da.**

Tja, das ist eben das Paradox mit Gott. Da ist einer weg, ist nicht da, aber trotzdem ganz nah bei uns. Wenn jemand nicht da ist, dann ist er vielleicht einfach das Ganze. Wenn jemand da ist, dann sieht man, dass sein Haaransatz zurückgeht oder er beim Reden lispelt. Wenn jemand da ist, dann sieht man halt die Bescherung. Deshalb ist Gott lieber nicht da. Dann kann er alles sein und selbst in seiner Abwesenheit anwesend sein.

Jedenfalls war das Gespräch mit meinem Onkel auch ein kleines Wunder, weil es mich noch mehr beruhigt hat. Das dritte, das größte Weihnachtswunder war die Verlobung mit Aino. Ich war total desorganisiert, ich konnte auch gar nicht alles sagen, was ich eigentlich sagen wollte, aber es war allen, die da waren, klar, dass etwas ganz Wichtiges passiert. Zu sagen, ja, ich stehe zu diesem Menschen, ich übernehme Verantwortung, ich will mit diesem Menschen mein Leben verbringen – und zwar mein Leben, nicht nur meine letzten Stunden –, hat die Wellen weiter geglättet. Es geht hier nicht um Stunden und Tage und Monate, es geht hier um ein ganzes Leben.

Und dieses ganze Leben, das ich jetzt mit Aino vor mir habe, wird wunderschön.

Jetzt ist also der Tag der Tage da und ich kann ehrlich sagen: Gut, soll er kommen. Na ja, er ist ja schon da, er muss ja gar nicht kommen. Jedenfalls gehe ich jetzt mit Aino zur Untersuchung, dann kriegen wir ein Ergebnis und vielleicht rollen dann auch wieder Tränen. Aber diese drei Weihnachtserlebnisse haben ein Wunder der Beruhigung bewirkt. Und ich weiß jetzt, es geht nicht nur um ein paar Stunden und Tage, sondern es geht um ein ganzes Leben. Und dieses Leben, sei es auch noch so kurz, beinhaltet den Zweifel und das Glück, das Wissen und das Unwissen. Und es ist nichts Fatalistisches und nichts Peinliches, es ist auch nichts Niederträchtiges oder Berechnendes – es ist einfach ein ganzes Leben. Und dieses ganze Leben werde ich jetzt in der Röhre auf medizinische Art und Weise abhandeln, aber in mir und in Aino, in unserer ganzen Situation, wird es noch ganz anders seine Kraft entfalten. Davon bin ich fest überzeugt.
Und jetzt fahren wir gleich los.